本书出版得到西南财经大学2020年度中央高校基本科研业务费专项资金资助（Supported by the Fundamental Research Funds for the Central Universities）

劳动争议调解的
策略选择与效果评估

谢鹏鑫　著

The Strategy Choice and Effectivness
Evaluation of Labor Dispute Mediation

中国社会科学出版社

图书在版编目（CIP）数据

劳动争议调解的策略选择与效果评估/谢鹏鑫著 . —北京：中国社会科学出版社，2020.6
ISBN 978 - 7 - 5203 - 5863 - 7

Ⅰ.①劳… Ⅱ.①谢… Ⅲ.①劳动争议—劳动法—研究—中国
Ⅳ.①D922.591.4

中国版本图书馆 CIP 数据核字（2020）第 087137 号

出 版 人	赵剑英	
责任编辑	李庆红	
责任校对	李 莉	
责任印制	王 超	

出　　　版	中国社会科学出版社	
社　　　址	北京鼓楼西大街甲 158 号	
邮　　　编	100720	
网　　　址	http：//www. csspw. cn	
发 行 部	010 - 84083685	
门 市 部	010 - 84029450	
经　　　销	新华书店及其他书店	

印　　　刷	北京君升印刷有限公司	
装　　　订	廊坊市广阳区广增装订厂	
版　　　次	2020 年 6 月第 1 版	
印　　　次	2020 年 6 月第 1 次印刷	

开　　　本	710×1000	1/16
印　　　张	12.75	
插　　　页	2	
字　　　数	191 千字	
定　　　价	66.00 元	

凡购买中国社会科学出版社图书，如有质量问题请与本社营销中心联系调换
电话：010 - 84083683

前　言

近年来，我国劳动争议案件数量不断增加，如何快速有效地化解劳资冲突成为实务界和理论界共同关注的问题。为了柔性地化解劳动争议，缓解仲裁和诉讼的压力，国家开始大力加强专业性劳动争议调解能力建设，如根据争议的不同特点分类调解，提升劳动争议调解的效果。根据争议的主体可以将劳动争议划分为个别争议和集体争议；根据争议的性质可以将劳动争议划分为权利争议和利益争议。目前，我国的劳动争议处理制度主要针对个别争议、权利争议设计，可以采取协商、调解、仲裁、诉讼的途径解决。而对于集体争议，尤其是利益争议，缺乏完善的法律法规，目前的处理方式以调解为主。如何针对个别争议和集体争议，采用合适的调解策略，提升调解的效果是完善劳动争议分类调解制度的客观要求。

尽管调解在劳动争议处理中得到了广泛的应用，但目前关于劳动争议调解策略和效果的研究大多基于西方情境，而中国具有与西方不同的调解文化和制度，基于西方情境的劳动争议调解研究是否能适用于中国，值得进一步探讨。国内关于劳动争议调解的研究多集中在劳动争议调解的现状和改革调解制度的路径等宏观层面，较少从微观层面分析调解的过程、策略和效果。对于诸如我国不同类型劳动争议调解效果的差异，不同类型劳动争议的调解策略及其选择，以及调解策略的效果评估等问题，学术界仍缺乏深入的原创性研究。因此，本研究针对这些薄弱环节进行探索，旨在回答"调解处理个别争议和集体争议的效果是否存在差异""个别争议和集体争议调解的过程中采用哪些策略""个别争议和集体争议调解策略如何选择""个别争议和集体争议调解策略的效果如何"等问题。

本书将定性研究与定量研究结合起来，采用了扎根理论、实证研究、比较研究等多种研究方法。主要包括四个核心部分：一是劳动争议调解的相关文献和理论基础。在对劳动争议、劳动争议调解、劳动争议调解的策略和效果等概念进行界定的基础上，对劳动争议的分类处理制度、劳动争议调解的现状和制度演变、劳动争议调解的策略和效果评估等相关文献进行回顾。同时，阐述本研究的理论基础，主要包括调解的权变理论、冲突管理系统理论、调解的策略选择理论和行为决策理论。二是调解处理个别争议和集体争议效果的差异比较研究。基于冲突管理系统理论和权力依赖理论，利用北京市劳动争议调解中心的档案数据，发现调解更适用于集体争议的处理，调解的成功率更高，时间更短，劳动者的让步程度更低。三是个别争议调解的策略选择和效果评估。研究发现我国个别争议调解策略包括程序策略、情理策略、评估策略、施压策略、教育策略，调解的情境包括争议特征（争议的合法性、冲突程度、诉求内容）和争议双方特征（劳动者的性别和年龄、企业的性质）影响调解策略选择，调解的情境通过影响调解员对和解难度和目标导向的综合评估，进而影响调解策略选择，调解员的特质（性别和身份）影响其综合评估后的策略选择。同时，本书评估了个别争议调解不同策略的短期效果、长期效果和满意度，并进行了不同策略效果的比较。四是集体争议调解的策略选择和效果评估。研究发现我国集体争议调解策略包括程序策略、情理策略、评估策略、借力策略、分化策略。调解的情境包括争议特征（争议性质和影响范围）和争议双方特征（劳动者规模、劳动者行动和企业性质），影响调解策略的选择；调解的情境通过影响地方政府调解代理人对争议和解难度和目标导向的综合评估，进而影响调解策略选择；调解代理人所在机构的类型影响其综合评估后的策略选择。同时，本书评估了集体争议调解不同策略的短期效果、长期效果和满意度，并进行了不同策略效果的比较。

本书的主要理论贡献包括：第一，基于中国劳动争议调解制度背景下，不同类型争议调解效果的比较研究，可以弥补对调解制度的选择性和适用性方面的研究缺失。第二，基于中国情境的劳动争议调解研究，可以拓展和补充具有中国特色的调解理论体系，探讨中国情境下劳动争议调解策略的内容和结构，能促进以中国为主体的跨文化研究。第三，劳动争议调解策略选择影响因素模型将客观的情境因素与调解员主观的心理决策过程结合起来，为调解行为的研究提供了一个更具有解释力和普适性的理论框架。第四，我国个别争议和集体争议调解策略测量工具的开发，能为探索劳动争议调解的实证研究奠定基础。第五，调解策略和效果关系的研究弥补了调解策略效果的实证研究的不足，进一步拓展了调解权变理论的应用范围。

本书也为劳动争议调解的实践提供了经验借鉴：首先，对个别争议和集体争议调解效果差异的检验，能为争议双方对调解制度的选择和结果的预期提供借鉴，并为调解员对调解的过程和结果判断提供依据。其次，对个别争议和集体争议调解策略及其选择的影响因素研究，有利于指导调解组织选择符合争议特点的调解制度和方法技巧。再次，对调解效果的研究能够为调解组织进行效果评估提供操作方法和工具，有助于全面客观的评价调解的效果。最后，对于调解策略的效果评估有助于调解组织在不同情境下，选择合适的调解策略，提升调解的效果。

本书适合劳动关系、人力资源管理、劳动与社会保障、劳动法等专业教师、学生和研究人员以及从事劳动争议调解的相关工作人员阅读。

目　录

第一章 绪论

第一节 问题的提出

近年来，随着劳动力市场的变化和一系列劳动法律法规的出台，我国劳动争议案件激增，涉及劳动者规模庞大。根据《中国劳动统计年鉴》和《中国统计年鉴》的数据调查结果，2018 年全国劳动争议仲裁委员会受理劳动争议案件 89.4 万件，其中集体争议 8699 件，集体劳动争议涉及劳动者当事人达到 23.5 万人，各级人民法院受理劳动争议案件 45.2 万件。[①] 由于仲裁机构和法院的案件不断积压，亟须发挥调解的基础性作用。

国家通过制定法律法规、出台工作指导意见等形式，加强国家劳动争议调解能力建设。2008 年实施的《劳动争议调解仲裁法》将调解作为劳动争议处理的基本原则，强化了调解的基础性地位。2009 年，人力资源和社会保障部联合多个部门颁布《关于加强劳动人事争议调解工作的意见》，进一步强调劳动人事争议调解工作的重要性和紧迫性，提倡最大限度地将争议通过调解解决。党的十八大明确提出要"加强劳动保障监察和劳动争议调解仲裁"。党的十八届四中全会提出"健全社会矛盾纠纷预防化解机制，完善调解、仲裁、行政裁决、行政复议、诉讼等有机衔接、相互协调的多元化纠纷解决机制"。中共中央、国务院 2015 年 3 月印发的《关于构建和谐劳动关系的意见》，明确提出应"完

---

① 数据来源：《2019 年中国劳动统计年鉴》《2019 年中国统计年鉴》。

善劳动争议调解制度，大力加强专业性劳动争议调解工作"。随后，人力资源社会保障部、中央综治办出台《关于加强专业性劳动争议调解工作的意见》，从调解组织、调解制度和基础保障等方面，对提升专业性劳动争议调解工作能力提出了具体要求。

在法律法规和行政力量的推动下，全国各地积极建立劳动争议调解组织，提高劳动争议调解率。全国基层工会所在单位建立的劳动争议调解委员会从 2008 年的 38.9 万个增加到 2014 年的 102.7 万个，劳动争议调解委员会人数从 2008 年的 130 万增加到 2014 年的 288 万，调解成功率由 2008 年的 20.61% 上升至 2014 年的 51.9%，但调解委员会每年人均处理的案件数量少于 1 件，企业调解委员会的选择率仍然较低。同时，从调解机构受理的案件和仲裁机构受理的案件数量对比来看，仲裁机构受理案件数量一直是调解机构受理案件数量的 2—3 倍，调解组织对于案件的分流过滤作用有限。① 例如，2017 年全国各级劳动争议仲裁机构受理的案件数量是调解受理案件数量的 3.08 倍，劳动争议调解效果仍有待提高。如何把握劳资双方的特点，并根据不同争议差异化地选择调解策略是促使劳资双方达成和解的关键。因此，在宏观层面推动调解制度完善和调解组织建设的同时，也需要从微观的角度，加强调解员队伍建设，加大调解员培训力度，指导调解员根据不同争议选择合适的调解策略，更好地发挥调解的基础性作用。

劳动争议的特点是影响劳动争议调解策略和效果的重要因素。根据争议的主体不同，劳动争议可以分为个别争议和集体争议，其中个别争议是雇主和单个劳动者发生的争议，集体争议是劳动者团体与用人单位一方因签订和履行集体合同而发生的争议。从现有的成文法规定来看，我国的集体争议主要分为三类，即集体劳动争议、集体合同争议和集体行动争议。② 根据争议的性质不同，劳动争议可以分为权利争议和利益争议，其中权利争议是指围绕已有法律法规、具体协议的执行问题而引

---

① 王蓓：《劳动争议调解：实证分析与改革建言》，《社会科学研究》2012 年第 6 期。
② 常凯：《我国劳资集体争议的法律规制体系建构研究》，《南京大学学报》（哲学·人文科学·社会科学）2017 年第 5 期。

发的争议，利益争议是围绕新建立的合同或未规定的权利问题而引发的争议。①

目前，我国的劳动争议处理制度主要针对个别争议、权利争议设计，可以采取协商、调解、仲裁、诉讼的途径解决。而对于集体争议，尤其是利益争议，缺乏法律法规的调整。由于个别争议和集体争议具有不同的特点，调解的地位和使用的策略也有所差异。个别争议主要涉及权利争议，具有明确的法律依据，调解是个别争议处理的替代性纠纷解决渠道，如果调解不成功，争议双方可以通过仲裁、诉讼结案。而集体争议涉及人数多、影响范围广，尤其是当劳动者提出合理性诉求，且采取自发性的集体行动时，由于缺乏明确的法律依据，调解是最基本和最重要的处理方式。② 人力资源社会保障部、中央综治办在《关于加强专业性劳动争议调解工作的意见》中提出了分类处理劳动争议的思路，"对于小额、简单的劳动争议案件，鼓励各类劳动争议调解组织探索符合其特点的调解制度和方法技巧；对于重大集体劳动争议案件，要求各地仲裁机构会同工会、企业代表组织介入，积极引导当事人双方通过调解化解争议"。由此可见，由于争议特点和处理制度的差异，个别争议和集体争议具有不同的调解方式和技巧。如何针对个别争议和集体争议采用适当的调解策略，提升调解的效果是完善劳动争议分类调解制度的客观要求。

尽管调解在劳动争议处理中得到了广泛的应用，但就现有文献而言，关于调解策略和效果的研究多是在西方的制度情境下。③④⑤ 在中国的情境下，文化和调解制度存在较大差异。国内对于劳动争议调解的研

① 程延园、谢鹏鑫、王甫希：《我国集体争议处理制度：特点、问题与机制创新》，《中国人民大学学报》2015 年第 4 期。

② 潘泰萍：《集体劳动争议调解制度构建中存在的问题及对策建议》，《科技情报开发与经济》2011 年第 2 期。

③ Kressel K, *Labor Mediation*: *An Exploratory Survey*, Alban. NY: Assoc. Labor Mediation Agencies, 1972.

④ Carnevale P J D, "Strategic choice in mediation", *Negotiation Journal*, Vol. 2, 1986, pp. 41 - 56.

⑤ Lim R G and Carnevale P J, "Contingencies in the mediation of disputes", *Journal of Personality and Social Psychology*, Vol. 58, No. 2, 1990, pp. 259 - 272.

究多集中在劳动争议调解的现状和改革调解制度的路径等宏观层面，较少从行为学的角度分析调解的过程、策略和效果①，一些学者对于劳动争议的处理主体和策略进行了积极的探索。②③ 然而，对于诸如个别争议和集体争议调解的效果是否存在差异，个别争议和集体争议的调解策略有哪些，调解策略的选择受到哪些因素的影响，不同调解策略的调解效果如何等问题，学术界仍缺乏深入的原创性研究。由于缺少对劳动争议调解的过程和行为的深入分析，很难对这些问题进行有针对性的回答。因此，本书旨在在中国的文化和制度背景下，探讨不同类型劳动争议调解的效果差异，分析个别争议和集体争议调解策略类型及策略选择的影响因素，进而构建一个能够反映劳动争议调解策略类型、策略选择的影响因素及其效果评估的分析框架。

第二节　概念界定

一　劳动争议及其类型

劳动争议作为最基本的社会生产经营关系引发的纠纷是当今社会普遍存在的现象。具体而言，劳动争议通常是指劳动关系当事人双方，由于权利义务关系的要求不一致而发生的争议。④ 学者们对于劳动争议的类型进行了积极探索，最典型的两种分类方式是根据争议性质和争议主体来划分，劳动争议的类型化为制定针对性的劳动争议处理制度奠定了基础。根据争议的性质不同，劳动争议可以划分为权利争议和利益争议，其中权利争议是指围绕已有的法律法规、具体协议的执行问题而引发的争议，利益争议是围绕新建立的合同或未规定的权利问题而引发的

① 范愉：《多元化纠纷解决机制与和谐社会构建》，经济社会出版社 2011 年版，第 7 页。
② 徐世勇、Xiaoyu Huang、张丽华、许春燕、Anil Verma：《中国工人罢工的四方层级解决机制：基于案例研究的一种新诠释》，《管理世界》2014 年第 4 期。
③ Ma Z, "Chinese conflict – management styles and negotiation behaviors: an empirical test", *International Journal of Cross Cultural Management*, Vol. 7, No. 1, 2007, pp. 101 – 119.
④ 史探径：《社会法学》，中国劳动社会保障出版社 2007 年版，第 144 页。

争议，主要是工会与雇主或雇主组织围绕劳动者的集体利益而发生的分歧。① 根据争议的主体不同，劳动争议可以划分为个别争议和集体争议。其中，个别争议是指单个劳动者与雇主发生的争议，而不同国家和地区对于集体争议的界定存在一定差异。②

我国学者对于集体争议概念的界定存在一个认识不断深化的过程，这一变化是基于法律制度的变化和社会实践的发展。早期，国内学者将集体争议界定为群体争议，如常凯提出，"集体争议是指多个劳动者因共同原因与用人单位发生的争议"③。王全兴提出了类似的概念，认为"集体争议是多人发生的争议，多个劳动者当事人基于共同理由与用人单位发生的争议"④。随后，有学者从争议的性质角度，将集体争议界定为权利争议，如乔健将集体争议界定为"劳动关系中的劳动者集体因劳动过程中的权利义务问题与雇主发生的争议，且所涉及的权利义务在劳动者之间具有共性"⑤。类似地，陈步雷认为"集体争议是劳动关系中劳动者集体，因劳动条件等方面的权利义务与雇主发生的法律纠纷，这些权利义务通常存在共同性或关联性"⑥。

随着集体争议案件的多样化和集体合同覆盖面的扩大，学者们开始关注利益争议，因为劳资双方在签订和履行集体协议的过程中都可能发生争议。⑦ 尤其是 2010 年南海本田事件之后，劳动者群体采取罢工、怠工、上访等形式表达集体诉求的案件日益增加。由此，沈建峰从争议的分类出发，将集体争议划分为三种：一是劳动者拥有共同诉求的争议；二是团结权争议；三是集体协议签订过程中发生的争议。沈建峰界定的

---

① 常凯：《劳动关系学》，中国劳动社会保障出版社 2005 年版，第 10 页。
② 王全兴：《劳动法》，法律出版社 2004 年版，第 380 页。
③ 常凯：《劳动关系学》，中国劳动社会保障出版社 2005 年版，第 10 页。
④ 王全兴：《劳动法》，法律出版社 2004 年版，第 380 页。
⑤ 乔健：《劳动者群体性事件与危机管理创新——从近期出租车司机罢工潮说起》，《中国人力资源开发》2009 年第 1 期。
⑥ 陈步雷：《以劳权看待发展——劳权的权利论与功能论的多维度解释框架》，《中国劳动关系学院学报》2009 年第 4 期。
⑦ 程延园、谢鹏鑫、王甫希：《我国集体争议处理制度：特点、问题与机制创新》，《中国人民大学学报》2015 年第 4 期。

第一种类型争议主要涉及权利争议，而后两种争议都涉及利益争议。[①]
随着我国劳动关系实践的发展，常凯提出"中国的劳动关系正在由个别
劳动关系调整向集体劳动关系调整转型，而从权利争议到利益争议是转
型的重要特点"[②]。在此基础上，常凯将我国目前的集体争议分为三种
类型：一是集体劳动争议，即劳动者十人以上的争议，也是《中国劳动
统计年鉴》中记载的集体劳动争议；二是集体合同争议，包括签订集体
合同发生的争议和履行集体合同发生的争议；三是集体行动争议，以雇
主闭厂、工人罢工为主要形式。[③]

在西方市场经济国家，集体劳动关系的标志是工会作为主体参与或
者由职工代表委员会参与。[④] 集体争议主要体现在集体谈判中，而谈判
的内容聚焦在双方的利益冲突。例如，美国的集体争议是雇主和工会在
就工资、工时和其他雇佣条件进行团体交涉时发生的争议。英国的集体
争议内容主要围绕法律没有规定的、与员工密切相关的工资、劳动条件
等利益。与欧洲类似，日本集体争议的判断标准不是以人数为标准，而
将是否有工会参与作为衡量标准。日本的集体劳动关系处理机制主要包
括"春斗"、集体谈判和劳资协商会议。[⑤] 韩国将劳动争议区分为"个
体争议"和"集体争议"，取决于争议的当事人是工会还是单个劳动
者。如果只涉及单个劳动者，则为个体争议，主要是权利争议；如果涉
及工会，属于集体争议。集体争议则包括权利争议和利益争议。在集体
协议签订的过程中发生的争议属于利益争议，一旦协议签订，因履行发
生的争议则是权利争议。

本书重点关注劳动争议类型划分中的个别争议和集体争议，其中个
别争议是指单个劳动者与雇主由于权利义务关系的要求不一致而发生的

---

① 沈建峰：《德国集体性劳动争议处理的框架及其启示》，《中国劳动关系学院学报》
2013 年第 6 期。

② 常凯：《劳动关系的集体化转型与政府劳工政策的完善》，《中国社会科学》2013 年第
3 期。

③ 常凯：《我国劳资集体争议的法律规制体系建构研究》，《南京大学学报》（哲学·人
文科学·社会科学）2017 年第 5 期。

④ Edwards P, *Industrial relations*, Blackwell Publishing, 2005, pp. 2 – 35.

⑤ 颜辉、王英：《日本的劳资关系》，《中国职工教育》1997 年第 7 期。

争议；集体争议借鉴常凯的划分方式，包括集体劳动争议、集体合同争
议和集体行动争议。其中，集体劳动争议因涉及劳动者的人数一直保持
在高位，目前仍是我国劳动争议处理机构关注的重点；我国集体合同签
订和履行普遍存在形式主义走过场的倾向，缺乏真正的协商谈判，在实
践中极少出现集体合同争议的情形①；集体行动争议因劳动者组织性较
强、案发较突然、对抗程度较高、影响力较大等特点，受到政府的高度
重视。②

二　劳动争议调解

不同学者关于第三方调解的定义存在一些差异。如 Mitchell 认为调
解作为干预活动，其独特性在于它的目的是实现冲突双方的妥协解决问
题或者至少结束冲突行为。③ Raymond 和 Kegley 将调解视为冲突管理的
一种方式，是使用第三方帮助当事人达成自愿协议的冲突解决过程。④
他们认为第三方主要采取一些促进型的活动，如设置日程、简化沟通、
澄清各自观点、将问题概念化、促使谈判和支持和解。Moore 强调调解
是谈判过程的延伸，通过一个可接受的、没有偏见的、中立的第三方干
预，促使冲突双方能达成一个双方可接受的方案。⑤ Bercovitch、Anag-
noson 和 Wille 强调调解是一个冲突管理过程，当事人寻求或接受来自个
人、群体、政府或组织的帮助，解决他们的冲突或处理他们的差异，而
不采用心理强制或涉及法律的权威。⑥

关于劳动争议调解有三个基本的假设：一是调解的时间应该在当事

---

① 吴清军：《集体协商与"国家主导"下的劳动关系治理——指标管理的策略与实践》，
《社会学研究》2012 年第 3 期。

② 吴清军、许晓军：《中国劳资群体性事件的性质与特征研究》，《学术研究》2010 年第
8 期。

③ Mitchell C R，*The structure of conflict*，New York：St. Martin's，1981.

④ Raymond G A and Kegley Jr C W，"Third party mediation and international norms：A test of
two models"，*Conflict Management and Peace Science*，Vol. 9，No. 1，1985，pp. 33 – 52.

⑤ Moore C W，"Mediating neighborhood conflict：conceptual and strategic considerations"，
Negotiation Journal，Vol. 3，1986，pp. 397 – 410.

⑥ Bercovitch J，Anagnoson J T and Wille D L，"Some conceptual issues and empirical trends
in the study of successful mediation in international relations"，*Journal of Peace Research*，Vol. 28，
No. 1，1991，pp. 7 – 17.

人陷入僵局之后。例如 Leiserson 将调解限定于在集体谈判失败后和罢工开始之前。[①] Kerr 最早质疑这一假设时，提出了"预防性调解"的概念。[②] 预防性调解被定义为关注当事人双方的关系，这是在冲突激化之前，协调当事人之间的关系。第二个假设是关于调解员的角色。调解被普遍定义为一种消极的活动，劳动争议调解员被视为争议处理中的催化剂。[③] 根据这种观点，调解员的存在只是为了促成和解，而不能干预或改变结果。他们提供支持，但是不对当事人立场的价值进行判断，这种"缺乏权威"的特点将调解员和仲裁员区分开。调解员不能将他们的意愿强加在当事人上，他们只能在当事人同意的情况下介入。调解员的工作是促进，而绝不是对当事人提出的方案进行裁决。[④] 仲裁员也是受当事人邀请，但是同意仲裁的当事人要受到仲裁结果的约束。[⑤] 然而，这个假设也受到了研究者的质疑，最明显的是 Kolb 在关于公共部门和私营部门调解时间的比较研究[⑥]和 Lim、Carnevale 对于不同情境下专业调解员的研究。[⑦] 第三个普遍的假设是调解只有在自愿的情况下才能成功。"自愿"在 Volpe 和 Bahn 对调解概念的界定中被认为是调解的基础。[⑧] 调解是一个短期的、任务导向的参与性干预过程，其中当事人自愿地同意第三方的帮助，以达成一个相互满意和平衡的协议。自愿原则

---

① Leiserson W M, "The function of mediation in labor relations", in Tripp R, eds., *Proceedings of the fourth animal meeting of the Industrial Relations Research Association*, Madison, WI: University of Wisconsin, 1951, pp. 1 - 12.

② Kerr C, "Industrial conflict and its resolution", *American Journal of Sociology*, Vol. 60, 1954, pp. 230 - 245.

③ Kressel K, *Labor Mediation: An Exploratory Survey*, Alban. NY: Assoc. Labor Mediation Agencies, 1972.

④ Kaufman S and Duncan G T, "The role of mediators in third party interventions", *Negotiation Journal*, Vol. 4, 1988, pp. 403 - 412.

⑤ Markowitz J R and Engram P S, "Mediation in Labor Disputes and Divorces: A Comparative Analysis", *Mediation Quarterly*, Vol. 2, 1983, p. 67.

⑥ Kolb D M, "Roles mediators play: State and federal practice", *Industrial Relations*, Vol. 20, 1981, pp. 1 - 17.

⑦ Lim R G and Carnevale P J, "Contingencies in the mediation of disputes", *Journal of Personality and Social Psychology*, Vol. 58, No. 2, 1990, pp. 259 - 272.

⑧ Volpe M R and Bahn C, "Resistance to mediation: Understanding and handling it", *Negotiation Journal*, Vol. 3, 1987, pp. 297 - 305.

是唯一一个没有被其他研究者质疑的假设。由此可见，学者对于调解的核心内涵基本达成一致，即调解的核心原则是自愿性，它既体现在调解的申请是双方自愿，也体现在调解协议由双方在平等协商、互谅互让的基础上自愿达成，且达成的协议由双方自愿履行。

本书借鉴国内学者的定义，将劳动争议调解界定为在第三方主持下，依据法律规范和道德规范，劝说争议双方当事人，通过民主协商，互谅互让，达成协议，从而消除争议的一种方法与活动。[①] 目前，我国劳动争议处理的主要途径有协商、调解、仲裁和诉讼。根据《劳动争议调解仲裁法》第四条和第五条的规定，劳动争议发生后，劳动者可以与用人单位协商，也可以请工会或者第三方共同与用人单位协商，达成和解协议；当事人不愿协商、协商不成或者达成和解协议后不履行的，可以向调解组织申请调解；不愿调解、调解不成或者达成调解协议后不履行的，可以向劳动争议仲裁委员会申请仲裁；对仲裁裁决不服的，可以向人民法院提起诉讼。在劳动争议处理程序中，协商和调解是当事人自愿选择的程序，仲裁是劳动争议处理的必经程序，诉讼是最后的法律救济程序。据此，有学者指出在劳动争议处理的程序体系中，调解位于第二关口。[②]

在我国劳动争议处理实践的具体语境下，劳动争议调解有狭义与广义之分。狭义的劳动争议调解是《劳动争议调解仲裁法》中规定的独立于仲裁和诉讼的劳动争议调解程序，主要包括企业劳动争议调解委员会、依法设立的基层人民调解组织和在乡镇街道设立的具有劳动争议调解职能的组织主持的调解；而广义的劳动争议调解还包括劳动争议仲裁中的调解和劳动争议诉讼中的调解。本研究关注的劳动争议调解主要是由企业外部劳动争议调解组织进行的调解或由仲裁机构的调解员在受案前的先行调解，没有涉及企业内部调解委员会的调解和法院调解。

---

① 范愉：《多元化纠纷解决机制与和谐社会构建》，经济社会出版社 2011 年版，第 352 页。
② 李小鲁：《论劳动争议调解制度的创新与完善》，《中国劳动关系学院学报》2010 年第 10 期。

三 劳动争议调解的策略和效果

一般而言，策略是指可以实现目标的方案集合或者根据形势发展而制定的行动。具体而言，策略就是为了实现某一个目标，预先根据可能出现的问题制订的若干对应方案，并在实现目标的过程中，根据形势的发展和变化来制订出新的方案以最终实现目标。本书将劳动争议调解策略界定为为了促使争议双方化解矛盾，在第三方调解人员介入劳动争议处理过程中使用的一系列技术、技巧和方法的总和。劳动争议调解的过程是劳动争议双方和调解员互动的过程，调解员作为调解程序的第三方，其调解策略的选择和使用直接影响调解过程，影响双方当事人对待调解的态度和行为，以及最终的调解效果。

效果一般是指由某种动因或原因所产生的结果。本书将劳动争议调解效果界定为在调解结束后案件处理的结果和各方对调解过程与结果的评价。学者从不同的角度评估调解的效果，如从客观效果和主观效果的视角评估、从短期效果和长期效果的视角评估，从调解结果涉及的主体评估，以综合的方式评估等。本书所研究的劳动争议调解效果是结合短期与长期效果评估和不同主体对调解的评价，具体从短期效果、长期效果、调解员与争议双方的满意度三个方面来评估调解的效果。

第三节 研究目的和研究意义

一 研究目的

本研究的目的在于分析个别争议和集体争议调解的策略类型、策略选择的影响因素和效果。首先，运用档案数据进行实证分析，证明不同类型劳动争议的调解效果存在差异。其次，借助扎根理论的研究方法，构建能够反映个别争议和集体争议调解策略及其选择的影响因素的理论分析框架，并实证检验调解策略的类型。最后，运用调查问卷，实证检验调解策略的效果。

围绕上述研究目的，本研究主要回答以下几个问题：

一是关于个别争议和集体争议调解效果的差异性。包括两个具体问题，分别是：（1）个别争议和集体争议调解的效果是否存在差异？（2）为什么会存在差异？二是关于个别争议和集体争议调解的策略分类及策略选择的影响因素。包括三个具体问题，分别是：（1）调解员在个别争议调解的过程中采用哪些类型的策略？在调解策略选择时考虑了哪些因素？（2）调解员在集体争议调解的过程中采用哪些类型的策略？在调解策略选择时考虑了哪些因素？（3）个别争议和集体争议调解的策略是否存在差异？三是关于个别争议和集体争议调解策略的效果评估。具体是指个别争议和集体争议调解的具体策略会产生怎样的效果。

二　研究意义

（一）理论意义

调解制度在中国有着悠久的历史，被誉为"东方经验之花"，也是劳动争议处理制度的重要组成部分，但近年来我国劳动争议调解制度实际发挥的作用并不理想。反观西方国家，从 20 世纪 30 年代开始，美国开始正式使用劳动争议调解，随后广泛适用于民事纠纷的解决，成为替代性纠纷解决机制的重要组成部分。国内关于调解的研究主要集中在调解的基础性研究、调解的现状研究和改革调解制度的路径研究，对于微观层次的研究较少。① 而西方国家对于调解的研究广度和深度远超过了国内，在中国文化情境下，对于劳动争议调解策略选择和效果研究的理论意义显著：

第一，基于我国劳动争议调解制度背景下，不同类型争议调解效果的比较研究，可以弥补对调解制度的选择性和适用性方面的研究缺失。第二，基于我国情境的劳动争议调解研究，可以拓展和补充具有中国特色的调解理论体系，探讨中国情境下劳动争议调解策略的内容和结构，能弥补基于中国文化情境的劳动争议调解策略研究的不足，促进以中国为主体的跨文化研究。第三，基于扎根理论形成的个别争议和集体争议调解策略影响因素模型，将客观情境因素与主观心理决

① 谢鹏鑫：《近年来国内劳动争议调解的研究综述与展望》，《中国人力资源开发》2015 年第 1 期。

策结合起来，为解释不同类型争议的调解行为提供一个更具有普适性的理论框架。第四，探讨劳动争议调解的策略和效果的关系，弥补了调解策略的效果实证研究的不足，进一步拓展了调解权变理论的应用。第五，开发中国劳动争议调解策略的测量工具，为劳动争议调解的实证研究奠定基础。

（二）实践意义

对于劳动争议调解策略选择和效果评估的研究具有突出的实践意义。首先，对个别争议和集体争议调解效果差异的检验，能为当事人对调解制度的选择和结果的预期提供借鉴，并为调解员对调解的过程和结果判断提供依据。其次，对个别争议和集体争议调解策略及影响因素的研究，有利于指导调解组织选择符合争议特点的调解制度和方法技巧，并能为不同情境下调解策略的选择提供决策的依据和分析的框架。再次，对调解效果的研究能够为调解组织进行效果评估提供操作方法和工具，有助于全面客观的评价调解效果。最后，对于调解策略的效果评估，有助于调解组织在不同情境下，选择合适的调解策略，提升调解的效果。

第四节　研究内容及结构

一　研究内容

第一，论证个别争议和集体争议调解效果的差异。集体争议调解的成功率高于个别争议，处理速度快于个别争议，劳动者在集体争议中的让步程度低于个别争议。

第二，应用扎根理论构建个别争议调解策略模型，对个别争议调解策略进行分类，并识别影响个别争议调解策略选择的因素。基于行为决策理论，将调解情境的客观因素和调解员的主观因素结合起来，揭示个别争议调解策略选择的内在机制。

第三，应用扎根理论构建集体争议调解策略模型，对集体争议调解策略进行分类，并识别影响集体争议调解策略选择的因素。基于行为决策理论，将调解情境的客观因素和调解员的主观因素结合起来，揭示集体争议调解策略选择的内在机制。在此基础上，比较个别争议和集体争议的调解策略及其选择的影响因素，分析存在差异的原因。

第四，提出劳动争议调解策略与调解效果关系的研究假设，通过问卷调查实证检验在不同争议的情境下劳动争议调解策略的效果。

二　研究结构

第一章绪论。提出问题、分析研究目的和研究意义；提出本书的研究内容和结构、研究方法和技术路线。

第二章文献回顾和理论基础。对劳动争议的类型及分类处理制度、劳动争议调解的概念和制度演变、劳动争议调解的策略和效果评估等相关文献进行回顾。同时，阐述本研究的理论基础，包括调解的权变理论、冲突管理系统理论、调解的策略选择理论和行为决策理论。

第三章个别争议和集体争议调解效果差异的实证研究。基于谈判和调解的相关理论，利用2009—2015年的北京市劳动争议调解中心的档案数据，实证检验个别争议与集体争议调解效果存在差异。

第四章个别争议调解的策略选择及其影响因素研究。基于扎根理论构建个别争议调解的策略、及其选择的影响因素模型，证明模型的合理性和适用性，开发符合中国文化情境的个别争议调解策略测量工具。

第五章个别争议调解策略的效果评估。根据前文构建的个别争议调解策略类型和已有的文献基础，实证检验个别争议调解策略对调解效果的影响，评估并比较不同调解策略的效果。

第六章集体争议调解的策略选择及其影响因素研究。基于扎根理论构建集体争议调解的策略、及其选择的影响因素模型，证明模型的合理性和适用性，开发符合中国文化情境的集体争议调解策略测量工具。比较个别争议和集体争议调解的策略及其选择的影响因素，分析其异同，解释存在差异的深层原因。

第七章集体争议调解策略的效果评估。根据前文构建的集体争议调解策略类型和已有的文献基础，实证检验集体争议调解策略对调解效果的影响，评估并比较不同调解策略的效果。

第八章结论与展望。总结全文的研究结论，概括研究的主要理论贡献和实践启示，分析研究的创新、局限与未来研究方向。

第五节　研究方法及技术路线

一　研究方法

（一）扎根理论

扎根理论研究法（Grounded Theory）最早是由美国学者 Glaser 和 Strauss 于 1967 年提出的一种定性研究方法，后来被广泛应用在多个领域，如教育学、护理学、管理学等。Glaser 和 Strauss 认为扎根理论的目标在于提供系统的研究方法，以确保研究者从资料出发，发展出解释的理论。[①]

扎根理论特别强调避免"先入之见"，对研究者的理论敏感性要求较高，需要将原始资料通过编码的方式抽象构建起"扎根理论"。在运用扎根理论之前，研究者一般没有预设的假设，而是从原始资料入手，采用归纳的逻辑将原始资料中的概念通过编码的方式上升到理论。鉴于此，本研究认为应用扎根理论的研究方法建立中国文化情境下的劳动争议调解的策略类型和影响因素模型是十分适合的。尽管国外关于劳动争议调解策略已经有相当丰富的研究成果，但由于中国的文化情境和调解制度存在差异，中国劳动争议调解的策略存在不同于西方的特点。本书认为从观察调解的过程出发，结合对调解员的访谈，收集一手资料，从资料中归纳编码，再提炼出理论的方法非常适合探索性地研究劳动争议调解过程中使用的策略。同时，已有的调解策略影响因素研究或者关注调解员的主观动机，或者关注调解的客观情境因素，而调解员如何根据调解情境的客观因素进行主观判断后选择调解策略尚未得到深入的研究。扎根理论适用于回顾具有时间顺序的事件，分析事件发展过程中的各个相关因素的关系，通过对所收集

---

① Glaser B G and Strauss, A. L, *The discovery of grounded theory: Strategies for qualitative research*, Chicago: Aldine, 1967.

的数据按照时间顺序进行排序，以便弄清不同事件的先后顺序，并厘清各事件之间的逻辑关系。劳动争议案件的调解过程具有明显的先后顺序，通过让调解员回顾调解过程中使用的调解策略以及策略选择的原因，能够有效地建立劳动争议调解策略的影响因素模型。

经典的扎根理论包含以下几个基本要素：第一，在收集原始资料的同时，进行资料分析；第二，从原始资料中归纳概念和编码；第三，在分析的过程中持续地进行比较；第四，在资料收集分析过程中归纳理论性的解释；第五，确定概念的内涵，分析概念之间的关系；第六，进行理论性抽样，而不是追求样本的代表性；第七，构建理论体系，然后再与已有的文献进行对比。[①] 扎根理论研究方法的核心在于对资料进行编码，即对研究收集的原始资料进行分解、概念化，然后再重新组合成范畴和核心范畴的过程。具体而言包括开放性编码、主轴编码和选择性编码三个步骤。本研究对定性资料的编码过程采用质性分析软件 Nvivo11.0，使用质性分析软件能够提高资料编码的效率，方便进行编码一致性的分析。

（二）问卷调查法

本书关于调解策略类型的量表开发以及调解策略与效果关系的研究，主要通过设计调查问卷，获得个别争议和集体争议调解策略及其对效果影响的量化数据，从定量的角度验证提出的假设。本书主要采用 SPSS22.0 和 AMOS22.0 对定量数据进行分析。

（三）访谈法

本研究多次运用访谈法收集资料，既包括对单个调解员的独立访谈，也包括对多名调解员的焦点小组访谈。通过访谈劳动争议调解中心的律师调解员、工会调解员和劳动争议仲裁机构的仲裁调解员等收集关于个别争议和集体争议处理过程中使用的策略及其影响因素，作为扎根理论编码的重要来源资料。

（四）观察法

观察法与访谈法相比的优点在于，能够直接了解被观察者的真实

---

① Glaser B G, *Theoretical sensitivity*, San Francisco, CA: The Sociology Press, 1978, p. 32.

情况，而不是追溯式地回忆过去发生的事情。本研究运用直接观察法，研究者作为工作人员进入调解现场，不干扰调解员的工作，也不会让当事人感受到威胁，能尽量客观地记录调解员的行为和当事人的表现，作为个别争议调解策略编码的重要来源资料。

（五）比较研究法

本书采用比较研究法，分析西方市场经济国家，如美国、英国、德国、日本等国家的劳动争议分类处理制度，为健全我国的劳动争议调解制度提供一定的借鉴。同时，对比我国集体争议调解策略和西方国家的集体争议调解策略，说明文化和制度对调解策略的影响。最后，对比个别和集体争议调解策略的异同，分析产生差异的原因。

二 技术路线

结合上述研究内容和研究方法，本研究的技术路线图设计如下（见图 1 – 1）。

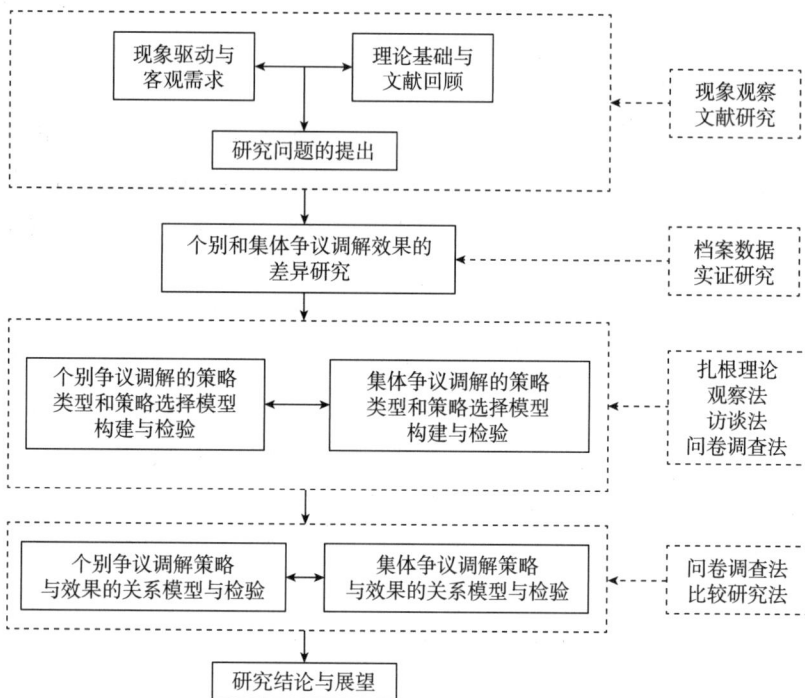

图 1 – 1　研究技术路线

第二章　文献回顾和理论基础

第一节　文献回顾

一　个别争议和集体争议的处理制度研究

（一）我国个别争议和集体争议的处理制度研究

我国目前的劳动争议处理制度主要针对个别争议和权利争议，而对于集体争议的概念界定、类型划分和处理机制，法律尚未有明确统一的规定。个别争议主要通过协商、调解、仲裁、诉讼的方式处理，其中协商、调解属于劳资双方自愿选择的程序，仲裁是劳动争议处理的必经程序，诉讼是最后的权利救济手段。而集体争议的划分尚未有明确的法律规定，从我国集体争议的现状和现有规定看，我国的集体争议可以分为集体劳动争议、集体合同争议和集体行动争议（常凯，2017）。

集体劳动争议在一般意义上泛指所有类型的劳资集体争议，但在我国目前的法律语境中则特指"十人以上有共同请求的劳动争议"。《劳动争议调解仲裁法》第七条规定，"劳动者一方在 10 人以上、并有共同请求的，可以推举代表参加调解、仲裁或者诉讼活动"。这类争议本质上是多个劳动者有共同的权利诉求，因而仍然按照个别争议的处理程序解决（程延园等，2015）。《中国劳动统计年鉴》中关于集体争议的统计，也主要是这种类型的争议。

集体合同争议包括签订集体合同发生的争议和履行集体合同发生的争议。《中华人民共和国劳动法》第 84 条规定"因签订集体合同发生争议，当事人协商解决不成的，当地人民政府劳动行政部门可以组织有关各方协调处理"，"因履行集体合同发生争议，当事人协商解决不成的，可以向劳动争议仲裁委员会申请仲裁"。因签订集体合同发生的争议，通过协商和协调处理，与西方发达国家处理签订集体合同争议的原则相似，但对于劳动行政部门中由谁协商、如何协商并没有明确的规定（程延园等，2015）。因履行集体合同发生的争议，是围绕已有的集体合同中已经规定的权利而发生的争议，可以直接沿用个别劳动争议的处理程序，但我国很少发生履行集体合同的争议，也缺少公开数据。而劳动者采取集体行动的争议实际与集体合同的签订紧密相关，集体谈判过程中劳动者采取一些集体行动，如停工、怠工等向雇主施压（程延园等，2015）。

从目前的制度设计看，个别争议和集体争议都可以使用调解程序解决，但调解发挥着不同的作用。在个别争议的处理中，调解作为劳动争议处理制度的"第二道防线"，主要发挥过滤和分流仲裁、诉讼案件，加速案件处理的作用（王蓓，2012）。而在集体争议的处理中，由于劳资双方"力的对抗"不平衡，劳动者"法的发动"选择偏好遵循以"停工、罢工"等形式倒逼政府介入向企业施压，政府主导的调解制度是当前集体争议处理的现实模式（杨欣，2012）。尤其是当员工提出的合理性诉求，无法通过司法或准司法途径解决时，调解成为搭建劳资双方沟通平台，快速平息纠纷的基本方法。

（二）域外劳动争议分类处理制度研究

我国尚未明确根据劳动争议的类型，建立相应的分类处理制度。国外一些成熟的市场经济国家建立的劳动争议分类处理制度，对于健全和完善我国的劳动争议处理制度具有重要借鉴意义，典型的国家包括美国、德国、法国、英国、日本等。

1. 美国劳动争议处理制度

美国的个别争议主要由司法程序处理，集体争议主要由国家劳动关系委员会和联邦调解仲裁局处理。国家劳动关系委员会主要负责审查集体谈判中工会代表雇员参与谈判的资格、直接起诉当事人的不正当劳动行为等。联邦调解仲裁局主要负责集体争议的调解、仲裁，其主要目标是在不发生罢工、停工等集体行动的情况下，帮助劳资双方解决合同争议。

当雇主和工会双方陷入僵局时，采用调解、实情调查和仲裁处理。如果争议双方不能协商解决，可以寻找外部力量的介入。如果争议威胁到公共利益时，特别是涉及公共部门时，政府机关可以主动介入。首先进行调解，对于公共部门发生的集体争议，如果调解失败，可以采用"实情调查"或"利益仲裁"。"实情调查"是由外部人员参与调查争议，形成报告，作为参考；而"利益仲裁"具有法律的强制力。在美国，仲裁是处理集体争议的重要方式。仲裁机构形式多样化，如临时的仲裁员、三方构成的仲裁委员会或者单个仲裁员等，但最普遍的方式是以单个公正人士担任仲裁员。此外，美国还规定了罢工的紧急处理程序，总统可以在情况紧急时使用暂停争议的命令权，对企业闭厂或工会罢工下达最长为 80 天的联邦禁令。

2. 德国劳动争议处理制度

德国将劳动争议划分为权利争议和利益争议，分别设计不同的处理制度。劳工法院负责处理权利争议，但不受理利益争议。利益争议通过劳资双方的争议行为和调解的方式解决。

集体争议由 1949 年的《集体协议法》调整，该法规定了集体合同的形成、内容和法律效力。集体合同的当事人在企业方可以是单个雇主或者雇主组织，劳动者一方仅指工会。集体合同可以约定劳资双方的权利和义务，集体合同的建立、内容和终止等。集体合同的双方在合同有效的时间期限内，不得就已经规定的内容发动争议行为，只能对没有规定的内容进行协商或发动争议行为。

如果双方无法通过团体交涉达成集体协议，可以采用两种方式处理。第一种方式是通过调解仲裁的方式调整，第二种是如果通过调解无法实现和解，争议双方可以采取争议行为。由集体合同引发的利益争议可以通过合意调解和国家调解解决。合意调解是指双方在集体合同或集体合同外以合意调解为前提，在调解前，不允许采取集体斗争。调解委员会由争议双方派出数量相同的代表和一名中立的主席构成。只有在双方当时都同意的情况下，调解方案才具有约束力，且调解方案的效力和集体合同的效力相同。如果调解失败，当事人可以申请仲裁。与合意调解相比，国家的调解发挥辅助作用。国家联邦层面上的调解原则上是不强制进行的，以争议双方都同意把集体合同的争议提交国家调解机构作为前提。如果在公共利益受到威胁时，调解机构可以宣布调解的结果具有法律效力。

3. 法国劳动争议处理制度

法国针对个别争议和集体争议设计了不同的处理制度。个别争议一审法院——劳资争议委员会受理，可以通过调解、判决的方式解决。而集体争议的调解程序中，劳资调解委员会的调解员代表增加了公共权力机关代表，反映了国家对罢工等行动的干预。尽管由国家干预，但在调解和仲裁的过程中都尊重当事人的意思自治，有利于化解劳资纠纷。

法国的劳动争议处理制度相对完善。《法国劳动法典》专门对集体争议进行了规定。法国的集体争议包括两种，一种是基于集体合同或者集体协议的履行发生的争议，另一种是多个劳动者要求增加利益而产生的争议。对于履行集体合同发生的集体争议由仲裁机构或法院处理；利益争议通过企业内部的调解、外部的第三方介入调解、调停或仲裁处理。

法国的劳动法典中规定，所有的集体合同都应该包含约定的调解程序，以处理受该合同约束的劳资双方产生的集体争议。首先，应该在企业内部调解集体争议。如果无法在企业内部达成和解，应该在一个月之内向全国或者地方性的调解委员会申请调解。调解委员会由三方的代表组成，雇主和劳动者的代表人数相同，还包括数名社会的代表。一旦双方达成调解协议，则该协议具有和集体合同相同的效力，可以强制执行。如果无法达成和解，则可以选择下一步的程序——调停或者仲裁。调停与调解不同之处在于政府部门开始介入，调停的过程可以由三方调解委员的主席主持，也可以由劳工部长根据当事人的请求或者根据职权进行。调停阶段的调解员还具有实地调查的权利，可以要求争议双方提交报告说明争议事实。一旦达成和解，协议也具有集体合同效力。如果无法和解，调停人需要提出一个最终的调停方案，但这个方案没有强制执行力，只有双方都接受，该方案才产生集体合同效力。此外，仲裁的程序是自愿进行的，除非当事人在已有的集体合同中已经约定了仲裁程序。仲裁裁决的结果需要说明理由，并提交劳动争议委员会备案。在提交并告知了争议双方后，仲裁裁决才开始产生和集体合同相同的法律效力。

4. 英国劳动争议处理制度

英国的劳动争议处理也区别了个别争议和集体争议。集体争议处理的突出特点是将非诉讼的替代性纠纷解决机制和诉讼机制结合起来。在实践中，替代性纠纷解决机制，如调解、仲裁，占据了主导地位。同时，英国的集体协议并没有法律的约束力，而依靠劳资双方自愿执行，依靠双方的信誉实现。法院不受理集体争议，集体争议解决达成的协议也没有法律约束力，这就为第三方介入调解或仲裁解决集体争议提供了基础。

英国的集体争议处理机构是由独立于政府之外的咨询调解与仲裁局处理。当事人双方协商谈判破裂时，咨询调解与仲裁局可以提供调停、调解和仲裁的服务。该机构由三方委员会构成，委员会成员直接由国务大臣任命，他们和劳资双方共同协商确认四名委员会成员。该机构的调解员都是直接雇用的公务员，只有双方都同意才进行调解。如果雇用的调解员调解后没有和解，而当事人申请调停或者仲裁，那么该机构会建议双方选择一个都可以接受的外部独立专家。不同于法国的调解和仲裁达成的协议是名义上的契约，没有强制执行力，在英国，仲裁开始前双方已经同意接受仲裁裁决的结果。

集体争议的处理包括以下几个程序：第一是协商。当企业发生集体争议时，如果劳动者或雇主一方提出协商的要求，另一方进行回应后，双方可以在企业内部对争议的问题协商。如果双方协商一致，协议的内容可以直接写入集体合同，如果无法协商一致，则可以进入调解程序。第二是调解。咨询调解与仲裁局处理集体争议的调解和仲裁。调解是自愿的，任何一方都可以随时提出结束调解。第三是仲裁。如果双方无法通过调解和解时，可以申请仲裁。仲裁只处理集体争议，不处理个人争议。一般而言，集体争议的仲裁由指定的一名仲裁员主持。在特殊情况下，咨询调解与仲裁局也可以组成仲裁委员会。仲裁委员会由一名主席、两名雇主和工会的代表构成。如果双方提出仲裁，必须提交书面的申请材料，并给出事实和相关证据。仲裁裁决一般为终局裁决，仲裁员做出的裁决，当事人不能再向法院提起诉讼。

5. 日本劳动争议处理制度

在日本，所有的权利争议，不论人数多少，都由法院通过司法渠道解决，但是如果涉及不当劳动行为，则交由劳动委员会进行审查。利益争议主要是围绕工资、工作时间等进行谈判，主要由劳资双方通过协商的方式解决，如果无法协商解决，则可以采用诸如斡旋、调解和仲裁的方式解决。如果出现特殊的情况，可以采用紧急的处理程序。

日本的集体争议处理主要在企业内部采用非正式的程序处理。全国的总工会和产业层级的工会通过"春斗"决定工资，并在其中发挥重要作用。在集体争议的第三方介入调解中，最重要的处理机构是劳动委员会，民间的第三方发挥的作用极小。劳动委员会之外的其他公共机构，如地方的劳政事务所只在一些地方发生的比较重要的集体争议中发挥作用。日本的劳动委员会是政府部门，委员会成员由三方构成，每一方的委员数相同。劳方的委员是由工会推荐，资方的委员由雇主推荐，而公益委员是劳资双方共同同意后任命。劳动委员会的作用是处理集体争议，并审查不当的劳动行为。斡旋、调解和仲裁是日本集体争议处理的主要方式。日本没有设立专门的劳动法院，在普通的法院体系内也没有设置劳动法庭和处理劳动争议的法官。法院基本只受理既定的权利（个别争议）的处理，劳动委员会处理集体争议，查处不当劳动行为。

美国、德国、英国、法国、日本的劳动争议处理制度是市场经济国家主要的有代表性的处理模式，这些制度的共同之处是将劳动者争议类型化，制定相对应的处理制度，如运用司法程序处理个别争议和权利争议，而通过斡旋、调解和仲裁程序处理集体争议和利益争议。美国、德国和日本规定在调解、仲裁无法处理的情况下，才允许双方采取集体行动，这些调解和仲裁程序可以避免双方将问题扩大化。我国和西方国家劳动争议处理制度的差异影响调解策略的使用。

二 劳动争议调解的现状和制度研究

（一）我国劳动争议调解的现状研究

通过回顾国内近年来劳动争议调解的文献，发现已有研究主要从劳动争议调解制度取得的进展、存在的问题及其原因和实践中的调解创新三个方面，分析了目前我国劳动争议调解的现状（谢鹏鑫，2015）。《劳动争议调解仲裁法》颁布后，引发了学术界的热议。对劳动争议调解制度进展的讨论主要围绕调解的受案范围、调解组织、调解协议效力、调解时限等方面，如《劳动争议调解仲裁法》通过法律形式界定了劳动争议调解的受案范围；进一步强化了调解在劳动争议处理中的作用；扩大了劳动争议调解的主体，增加了人民调解组织和乡镇街道具有调解职能的调解组织；强调了劳动争议调解协议对争议双方具有约束力，并适当赋予了部分调解协议以支付令的效力；缩短了调解的时限，由过去的 30 天缩短到 15 天，等等（王文珍、张世诚，2008；肖竹，2009；杨岚，2009；张冬梅，2008）。

尽管劳动争议调解制度有较大的进步，但仍具有一定的局限性，如争议分类处理制度缺失、调解组织难以发挥作用、调解员素质参差不齐、调解协议效力较弱等。近年来，参与劳动争议调解的主体多元化，主要体现在乡镇街道、区域行业建立的劳动争议调解组织。乡镇街道调解组织出现了五种不同的模式，如依托于劳动保障服务所、工会、企业联合会、人民调解委员会的调解组织，也有乡镇街道党委领导，人力资源社会保障部门、工会和企业代表组织等多个组织共同参与的联动调解组织（王振麒，2014）。同时，地方工商联也开始参与或建立区域性、行业性的劳动争议调解组织，调解辖区内基层商会和行业商会成员的劳动争议。实践中还出现了劳动争议调解联动联调的新型劳动争议处理方式，包括工会主导模式和大调解模式等。孙晓萍和吴式兵（2013）从交易成本经济学和法学的角度分析了建立联动联调机制的合理性，认为这种机制能整合调解资源，解决调解组织的中立性和权威性问题，帮助当事人及时解决矛盾。但也有学者担心这种多方联动的方式，会导致相互推诿、无人负责的现象。

为了提高调解的选择率，出现了通过仲裁机构或法院委托调解、发出调解建议书等方式引导劳动者选择调解的方式，如北京市、天津市建立了调解引导制度，仲裁委员会向没有经过调解的申请人发出《调解建议书》，引导其到相应的基层调解组织先行调解，提高了基层调解的比例（劳动人事争议处理专业委员会课题组等，2011）。为了提升调解的专业性，实践中出现了"购买公共服务"的方式，激励有调解能力的民间力量参与劳动争议调解（何伦坤，2013），如北京市劳动争议调解六方联动机制以政府"购买法律服务"的形式，公开向社会招聘、选聘专业律师，提高了调解的公信力（郭隆，2011）。由于律师调解员的专业水平和居间的地位，对调解纠纷、化解矛盾有很大的优势。为了加强调解协议的效力，出现了仲裁置换和司法确认两种方式，如将调解协议提交到劳动争议仲裁机构依法审查，置换成可以依法强制执行的仲裁调解协议，也有将调解协议交由法院依法审查确认，以取得强制执行的约束力（王全兴、林欧，2012）。

（二）我国劳动争议调解的制度研究

1. 我国劳动争议调解制度的发展演变

我国劳动争议调解制度经历了从探索到逐步完善的过程。1987年实施的国务院《国营企业劳动争议处理暂行规定》中首次要求企业设立多层次调解委员会，并对调解程序做出了规定。1993年国务院颁布实施的《企业劳动争议处理条例》首次确立了劳动争议调解制度，并将劳动争议处理范围从国营企业扩大到各类企业，规定了企业劳动争议调解委员会的组织形式和调解规则。1995年施行的《劳动法》将劳动争议调解制度从行政法规提升到国家基本法的层次，并将调解原则扩大到劳动争议仲裁和诉讼程序中。2008年施行的《劳动争议调解仲裁法》对劳动争议调解制度进行了改革，如改变了调解委员会的构成，由企业代表、工会代表和职工代表组成改为由职工代表和企业代表组成；扩大了调解组织的范围，增加了依法设立的基层人民调解组织和在乡镇街道设立的具有劳动争议调解职能的组织；更重要的是赋予了调解协议一定的法律约束力，对于因劳动报酬、工伤医疗费、经济补偿或者赔偿金事项达成调解协议，用人单位在协议约定期限内不履行的，劳动者可以持调解协议书依法向人民法院申请支付令（孙德强，2008；王文珍、张世诚，2008；杨岚，2009；张冬梅，2008）。

2. 我国劳动争议调解制度的改革路径研究

基于对我国劳动争议调解现状和存在问题的原因分析，在借鉴市场经济国家劳动争议调解制度的基础上，学者从推动劳动争议调解组织改革、提高调解员能力素质水平和强化调解协议效力等方面提出了改革劳动争议调解制度的路径。基于现有调解组织的不足和现实调解需求的突出矛盾，学术界和实务界关于劳动争议调解组织改革的呼声日益高涨。总体而言可以分为四种：一是健全企业内部劳动争议调解委员会，使其成为主要调解渠道，并建立多元化的调解机制；二是建议建立政府主导的行政调解组织，辅以其他调解组织；三是取消所有案外调解组织的调解，仅保留仲裁和诉讼程序中的调解；四是不设计主要解决渠道，推动各类调解组织平衡发展。

学术界主要从调解员来源、准入机制、培训机制、激励和退出机制等方面探讨如何提高调解员的能力素质。如建议拓展调解员的来源渠道，除人民调解员和企业内部调解员之外，充分吸纳律师、专家学者、有法律教育背景的行业代表等社会力量参与调解（赵忠伟，2010）；建立劳动争议调解员的职业资格认证制度，严格调解员的准入，只有符合专业知识和职业素养才能担任调解员（肖竹，2009；张乐，2011）；制定全面的调解员培训制度，包括劳动法律法规、调解和谈判程序、调解技巧和方法等培训，从专业素质、工作能力和职业道德等多方面提升调解员的调解水平（范跃如，2009；潘泰萍，2011）；完善激励和退出机制，建立定期的考核和表彰制度，奖励表现出色的调解员，而对于不适合或不能胜任调解的人员，也应及时清退（赵忠伟，2010）。

（三）国外劳动争议调解的制度研究

目前，劳动争议调解制度比较完善的国家包括美国、英国、德国、澳大利亚和日本等。已有研究主要从两个角度介绍国际经验：一是介绍某些国家的具体经验；二是综合分析同一类国家的经验。在介绍某个国家具体经验的研究中，学者们集中分析了美国、英国、日本、德国、瑞典等国家劳动争议调解的立法制度、机构设置和人员管理等经验（陈玉萍，2008；侯玲玲，2006；沈剑锋，2013；王天玉，2008）。也有学者总结了国外劳动争议调解制度的四种模式，即独立机构调解模式、行政调解模式、劳动法院调解模式和三方机制调解模式（刘诚，2008）。从发达国家的经验中可以发现，改革我国劳动争议调解制度，需要从立法、机构设置和人员管理等多个层面予以完善和创新，立足国情制定完善劳动争议调解的政策措施。

三 劳动争议调解的策略研究

（一）劳资冲突管理研究

劳资冲突是劳资双方的利益、目标和期望分歧很大甚至背道而驰的表现形式，学者力图通过管理劳资冲突而非解决或消除劳资冲突来控制，因为劳资冲突的激化会影响雇员满意度、降低工作绩效、降低员工流动性以及引起罢工等产业行动。本书主要回顾已有关于冲突管理的对象、理念和策略的研究。

第一，冲突管理的对象。冲突管理的对象就是工作场所发生的各种冲突，工作场所的冲突与纠纷、劳动争议并不相同，它具有自己独特的内涵和特征。冲突是在人群间、团队间或者国家间出现的一种意见不一致或争论的状态，而争议是严重的意见不一致或争论。冲突与争议的差异不仅表现在严重程度上，其内容、解决方式等方面也有一定的差异性。冲突的对抗程度较低，包含了一些潜在的、还没有凸显的矛盾，而争议的对抗程度较高，只是指已经爆发的显著的矛盾。冲突的化解可以通过第三方介入，也可以不借助第三方，而争议则是更加正式和艰难的，充满着矛盾和争论，因此有必要使用正式的机制，如调解、仲裁、诉讼或者其他方式解决纠纷。

第二，冲突管理理念的变化。对于冲突的认识，按照出现的时间顺序，管理学界主要有三种观点。罗宾斯将这三种观点的变化称为"冲突观念的变迁"。1930—1940 年的"传统观点"认为，冲突是有害的，会对组织产生不利的影响。人们应该竭尽全力避免冲突，管理者需要消除组织内部和组织之间的所有冲突。因此，冲突管理的目的就是探索避免冲突和解决冲突的方法。1940—1970 年，占主导地位的是"人际关系观点"，这种观点认为冲突是自然产生的、无法避免的，因此，人们应该接受冲突，运用冲突的积极效应。例如，由于任务产生不同意见的冲突能够增加员工的满意度（Amason，1996）。1970 年之后，"相互作用"的观点开始出现，更加开放地鼓励冲突，认为一定水平的冲突有利于组织的创新，而过于强调合作的组织难以快速应对变革的环境。这种观点辩证地看待冲突的积极作用和消极作用，鼓励组织保持一定程度的冲突水平，但也不会产生过度的冲突。

在西方，雇主和雇员之间的劳资冲突已有几百年的历史。学术界对劳资冲突的研究逐渐形成了两种不同的观点。一种观点认为劳资关系的基本特征就是冲突，认为应该从宏观的角度，用法律法规的方式来规范和调整劳资之间的冲突，例如劳动者具有提起争议的权利、有与企业平等协商的权利、有组织工会的权利等；而另一种观点认为劳资之间关系的基本特征是和谐，造成劳资矛盾的原因不是由于劳资之间的利益分歧，而是由于企业内部管理不健全。他们认为，应该从微观的角度，用人力资源管理的方式来处理劳资之间的矛盾，例如营造公平的劳资关系氛围、建立合理的薪酬制度和绩效管理制度等。

第三，冲突管理的策略研究。管理学界将冲突管理的策略主要分为一维模型、二维模型和第三方干预。学者们最早认为冲突只有一个维度，分为两种类型，即竞争型的冲突和合作型的冲突（Pinkley，1990）。后来，一些学者提出了二维的冲突模型，如 Blake 和 Mouton（1964）从关心生产和关心人两个方面，提出了五种冲突管理策略，分别是安抚、面对、回避、强制和妥协。此后，许多学者遵循这一思路提出不同的二维冲突管理模式（Hall，1969；Rahim，1983；Ruble & Thomas，1976；Pruitt，1983），如 Hall（1969）最先提出"实现个人目标"和"人际因素"，Rahim（1983）提出从"关心他人"和"关心自己"两个方面分析，关心他人是指在追求个人利益的同时与他人的合作程度，关心自己是指追求自身利益时的武断程度。由 Rahim（1983）提出的五种冲突管理策略（强制、合作、妥协、回避和克制）被拓展到单一文化和跨文化的冲突管理研究中。随后，一些学者质疑根据两个维度划分的五因子冲突模型，提出三因子的冲突管理模式，例如 Putnam 和 Wilson（1982）将冲突处理策略分为非对抗、问题导向和控制三类。

考虑到文化对冲突管理方式的影响，一些学者质疑基于西方文化建立的冲突管理模型并不能充分反映其他文化背景下的冲突，因为冲突的前因和后果一般取决于特定的文化背景（e. g. Liu & Chen，2002）。例如，社会和谐是中国主要的国家政策，同时和谐也是其他一些西非国家和东亚国家的核心价值观（Gabrenya & Hwang，1996；Huang，1999）。相反，不一致和不协调是西方冲突结构的典型内容（Deutsch & Coleman，2000）。基于西方文化提出的双重关注模型被应用到非洲和亚洲，而且它的适用性通常也得到了支持（Kirkbride et al.，1991；Williams et al.，1998）。然而，五种冲突管理策略在非洲和亚洲适用，并不意味着它们的潜在逻辑在西方和东方文化中是相同的。例如，冲突回避在尼日利亚的东南部和东亚的使用频率高于西方，中国人比美国人表现出更多的冲突回避行为（Friedman，Chi & Liu，2006；Tjosvold & Sun，2002）。回避策略在东亚文化中是一个积极的方式，因为它与考虑他人的面子相关（Kim & Leung，2000；Ting–Toomey & Oetzel，2002）。然而，逃避在西方文化中被视为较低的关注自己和他人（e. g. Canary & Spitzberg，1987；Putnam & Wilson，1982），因而被认为是消极的方式。此外，中国员工的冲突管理方式可能受到儒家思想的影响，如生活原则中将让步和妥协作为美德，因为能够促进和谐和社会秩序的建立（Leung，Koch，& Lu，2002）。儒家思想反对个人的行为破坏团队和谐，将他们视为过于激进（Kim，1994）。而在西方国家，具有类似行为的人可能被视为自信、果断、诚实、有正义感。

一些学者基于中国的和谐文化建立了不同的冲突管理策略分析框架。如 Hwang（1998）认为受到道教、儒家思想和传统农业社会的影响，东亚人认为阴阳需要维持在一个和谐的状态。对和谐的重视意味着西方关于关心自己和关心他人的维度不能反映关系的影响。因此，他提出了"忽视和谐/维持和谐"和"追求目标/放弃目标"两个维度，包含四种冲突管理策略，即对抗、公开服从/私下不服从、妥协、忍耐、断离。Brew（2007）基于增强和谐和避免分裂提出了阴阳模型，将冲突管理的策略分为破坏性对抗、建设性争论、建设性交际和安抚。Anedo（2012）提出了一个增强和谐、避免分裂和目标对个人的重要性三个维度的冲突管理模型，共包括八种策略，即建设性交际、和解、建设性争论、让步、表面服从、逃避、建设性对抗和忽视。

当冲突双方无法自行解决时，开始引入第三方介入处理冲突。第三方介入处理组织内部冲突时，主要采用调解、调停、仲裁等方式。调解是由中立的第三方介入后，通过劝说等方式让双方做出一定的妥协和让步而达成协议的处理方法。而仲裁是将争议处理的过程交由具有法律强制力的第三方解决，仲裁员可以采用各种策略，包括命令等方式解决冲突（Wall & Callister，1995）。除调解、仲裁等方式之外，第三方的处理方式还包括协商和咨询（Fisher，1990；Robinson & Parkinson，1985）。这两种方式更加非正式，当事人的自愿性更强，第三方对处理过程的控制程度更低。

第四，冲突管理策略的效果研究。Burke（1970）认为合作的冲突管理方式的效果最佳，竞争的方式效果最差，而回避和抑制的方式效果也较差。Canary 和 Spitzberg（1987）发现大多数情况下合作策略是有效的，但不是所有的情况下都有效，竞争策略的效果中等，回避策略是无效的。Rahim（2000）发现冲突管理的五种策略和组织的程序公平、分配公平和互动公平具有相关性。当组织的分配公平较低，但程序公平和互动公平较高时，应采用整合策略。尽管组织通常认为冲突具有功能性，但是解决冲突导致冲突的结束，所以冲突解决可以包含协商、调解、谈判、仲裁等范畴。他们认为应该减少会对组织产生消极影响的冲突，例如团队内部成员相互攻击、由于种族差异带来的问题等。

（二）劳动争议调解的策略及其类型研究

调解的技术和策略研究一直是调解研究领域关注的核心问题。劳动争议调解策略是指劳动争议调解员在调解的过程中使用的一系列技术、技巧和方法的总和。大多数关于调解员行为的研究都试图识别具体的行为，如"技术"（tactics），并将它们进行分类或者组合成策略（strategies）（Kressel，1972；Kressel & Pruitt，1985；Lim & Camevale，1990；McLaughlin et al.，1991；Wall，1981）。

国外关于劳动争议调解策略的类型主要有四种分类方式：第一，Kochan 和 Jick（1978）将劳动争议调解的技术分为非权变性策略和权变性策略，其中非权变性策略是过程导向的，如获得各方的信任和信心，准确理解争议的问题和实现和解的潜在障碍，允许当事人向调解员宣泄情绪。而权变策略更加积极，会根据具体的情境做出调整。在这一分类的基础上，Shapiro 等（1985）进一步探索了权变使用调解策略，他认为调解策略的有效性取决于争议的性质。

第二，Bartunek、Benton 和 Keys（1975）开发的策略类型包含了更广泛的调解员行为。Bartunek 等（1975）将调解员的技术分成两类：内容和过程。内容策略旨在改变当事人的互动（如设定日程、建议妥协、降低过度需求），而过程策略旨在改变当事人的感知（如作为沟通的桥梁，传授当事人解决争议的技术、提供维护颜面的机制）。

第三，Kressel（1972）将调解员的策略分成三种类型：反射性（reflexive）、指令性（directive）、非指令性（nondirective）。反射性策略尝试引导调解员关注争议，建立基础，获得当事人信任，识别争议中的关键问题为后期的活动建立基础。指令性策略是调解员直接促使和解，可能采用施压或操作的方式以结束当事人的争议。而非指令性策略旨在增加达成双方接受方案的可能性，帮助双方找到一个方案（如控制会议的节奏，试图解决前期的小问题）。然而，这种分类的缺陷是很难明确区分指令性和非指令性策略的界限，在一些情况下两者出现重合（Bercovitch & Wells，1993）。基于此，Kressel（1972）的研究被 Kressel 和 Pruitt（1985，1989）修订，他们鉴别了三种调解策略分类：反射性（reflexive）、实质性（substantive）和情境性（contextual）。反射性策略（如帮助当事人建立关系）将调解员引向关注争议，建立后续调解的阶段；实质性策略（如建议具体的让步）直接解决争议的问题；情境策略（如指出当事人的共同利益）是帮助当事人自己找到可行的方案。

这种分类最初是基于 Kressel 对劳动调解员的访谈，缺少实证的验证。后来，得到了三项调解研究的补充。首先，Lim、Carnevale（1990）和 McLaughlin 等（1991）的实证研究支持了这种分类。前一项研究表明实质性策略也可以被分为三类：实质性施压，即施压使一方改变立场；实质性建议，即一方将另一方转移到新的立场；实质性维护颜面，一方为另一方保留积极的形象。后一项研究产生了三个维度：实质性反射（substantive reflexive）、情感认同（affective cognitive）和强制推动（forcing facilitating）。其次，Carnevale（1986）鉴别了四种调解员的基本策略，即整合、施压、补偿和不作为。基于此，开发了调解员的策略选择模型以预测调解员选择技术的行为。这一模型得到了其他学者的验证和进一步拓展（Carnevale & Conlon，1988；Carnevale et al.，1989；Chaudhry & Ross，1989；Harris & Carnevlae，1990）。再次，Kressel 和 Pruitt 的分类成为一项检验调解员技术权变性研究的基础（Carnevale et al.，1989），这种类型使调解员的行为形成一种分类单元。这一研究的发现表明一些调解员技术在某些争议类型中有效，但在另一些争议类型中无效。这也对调解员根据争议来源权变选择调解策略的观点提供了强有力的实证支持。最后，Esser 和 Marriott（1995）将 Kressel 和 Pruitt（1985）的类型应用于在实验场景中比较实质型和情境型调解策略的有效性。

第四，Kolb（1983）基于对劳动争议调解员的人类学研究，区分了两种调解策略，即协调策略和交易策略。其中协调策略强调过程，关注帮助当事人找到他们自己的方式和解，让当事人控制实质性问题的解决。当事人继续谈判，但是用调解员提供的新平台，鼓励直接沟通和联合会议（类似于 Kressel 的反射性和非指令性策略），这种模式主要由联邦调解员采用。交易策略是由调解员特意设定协议的框架，使用一定的压力促使和解（类似于 Kressel 的指令性策略），这种策略主要被州调解员使用。Kolb 认为这两种相反的策略是调解员工作环境的结果——越荒凉的环境会导致采用直接的促成和解的方式，越良好的环境产生越间接的方式。Kolb 的研究引起了许多其他调查，很大程度上证实了协调者—交易者的二分法（Kressel & Pruitt，1989）。

除了将调解的技术归为几种典型的策略之外，学者和实践者还试图将调解员使用的100多种技术分成了25种策略（Wall & Dunne，2012），如分析的（e.g.，Birke，2000）、广泛关注的（e.g.，Currie，2004）、自下而上的（e.g.，Mars，2001）、差异化的（e.g.，Regina，2000）、评估式的（e.g.，Lande，2000）、评估—指令性的（e.g.，Abramson，2004）、促进式的（e.g.，Gabel，2003）、基于利益的（e.g.，Picard & Melchin，2007）、洞察的（e.g.，Picard & Melchin，2007）、调解—仲裁的（e.g.，Ross & Conlon，2000）、叙述的（e.g.，Hardy，2008）、中立的（e.g.，Kydd，2003）、权力破坏的（e.g.，Chayes，2007）、权力政治的（e.g.，Jones，2000）、施压的（e.g.，Kichaven，2008）、解决问题的（e.g.，Harper，2006）、合适顺序的（e.g.，Weiss，2003）、务实的（e.g.，Alberstein，2007）、故事叙述的（e.g.，Pinto，2000）、战略的（e.g.，Kressel，2007）、转换型的（e.g.，Alberstein，2007；Charkoudian，Ritis，Buck，& Wilson，2006）、转换—叙述性的（e.g.，Harper，2006），等等。

而国内对于劳动争议调解过程中具体使用策略的研究较少，只有少数实践者关注劳动争议调解过程中个别谈判的方法和技巧。例如，彭昌礼（2003）、刘伯伟、杨海峰（2011）提出在劳动争议案件调解过程中，与个别当事人谈判时，应当掌握对方的心态，采取相应的方法，提高谈话的技巧，如采用不同的询问方式，谈话情绪要随机应变调整，谈话语言要因人而异等。李洪娟、尹玉梅（2007）提出调解各个阶段的技术步骤和工作技巧，如在调解开始阶段可以采用情绪发泄、回应式倾听、变负为正的技巧，在调解中间阶段可以采取望闻问切、由简入难、矛盾冷却、巧借外力的技巧，在调解的最后阶段可以采用过错剖析、换位思考、案例展示、趁热打铁的技巧。一些学者从话语修辞学的角度分析调解中的话语使用对调解效果的影响，如柯贤兵（2011）提出程序性调解话语可以营造融洽的调解氛围、赢得被调解人双方对调解活动和第三方中立调解人身份的认同。柯贤兵、李正林（2014）重点研究了法庭调解过程中法官的话语角色是如何随着具体的调解交际语境和调解进程变化而转换，他们认为法庭调解中法官的话语角色转换是重要的调解策略之一，需要坚持在司法公正和构建和谐社会的双重功能下实现最佳的调解话语博弈。

此外，国内关于集体争议调解策略的针对性研究较少，学者主要围绕地方政府处理劳资集体争议的定位、角色、目标和方式等开展研究。在政府的定位和角色上，学者普遍认为政府在处理劳资集体争议时，应该保持中立，作为第三方协调人的身份为劳资协商谈判创造条件（常凯，2013；肖竹，2014），但也有一些案件，地方政府基于维稳的职责考虑，动用国家机器强力介入。在政府的目标上，有研究发现政府在处理劳资集体争议时，旨在实现地方经济发展、稳定与政府合法性的平衡（孟泉，2014；程延园等，2016）。在处理方式上，政府因缺乏制度依据而采用非制度化的调解、斡旋等方式处理劳资集体争议（Chen，2010），具体的措施包括教育、疏导、安抚、容忍、压制、分化、瓦解等（熊新发，2010；Cai，2008；王天玉，2015）。

（三）劳动争议调解策略的影响因素研究

尽管过去的研究已经发现了许多种调解技术和策略，但是对于一些最基本问题研究仍然较少，如调解策略的影响因素和效果评估。

一些学者从调解员主观动机的角度分析调解员策略选择的影响因素。Carnevale（1986）提出了一个策略选择模型，这一模型的前提假设是调解员的认知决定了他们的行为和策略选择，他认为两个前因变量交互预测调解员的行为：调解员估计达成双赢协议的可能性（感知到的共同点）和调解员对当事人实现他们期望的重视程度。当调解员高度关注当事人的期望并且感知到达成双赢协议的可能性高时，调解员可能会强调问题解决策略以发现双赢的方案；当他们高度关注当事人的期望但认为达成双赢可能性低时，调解员被预测会用报酬来诱使双方做出让步；当他们不关注当事人的期望，认为双赢可能性低时，他们会使用施压的策略降低他们的期望，做出妥协；当他们不关注当事人的期望，认为达成双赢可能性高时，他们会采取不积极的策略——让双方自己解决问题。后续的研究支持和拓展了该模型的部分内容（Carnevale & Conlon，1988；Carnevale & Henry，1989；Chaudhry & Ross，1989；Conlon，1988；Harris & Camevale，1990）。然而，调解员的策略选择还受到了许多环境和情境因素的影响，如调解员、当事人和争议的相互关系，但这些因素都是动机模型忽略的。

另一些学者开始关注影响调解员策略选择的客观情境因素。如Grima 和 Paillé（2011）通过观察和访谈法国调解员的调解过程，发现了三个权变因素影响调解员的策略选择，分别是冲突的水平、调解员的调解经验、谈判者的调解经验。Mareschal（2002）通过文献回顾和对联邦调停调解局的调解员访谈和观察，设计调查问卷对 78 个调解员调解成功和失败案例进行调查，发现谈判情境、调解员的可接受性、谈判技巧和工会率对调解策略有显著影响。Coleman 等（2015）同样基于过去的文献提出影响调解过程和结果的因素包括情境的特征、冲突的特征、当事人的特征和调解员的特征。通过对 149 名有实践经验的调解员进行实证调查，构建一个调解的情境模型，发现冲突特征、当事人之间关系的特征、调解的情境特征和过程、问题的特征是影响调解过程的关键因素。这些研究的贡献是发现了一些影响调解策略选择的客观情境因素。然而，实际上调解策略的选择既受到客观因素的影响，也依靠调解员的主观动机。部分学者通过文献回顾，发现影响调解策略的因素既包括客观因素，也包括调解员的主观因素，如 Wall 和 Lynn（1993）通过文献回顾发现主要的影响因素有规则和标准、争议特征、调解情境、调解员对当事人的利益共同点和对当事人结果的关注、调解员的培训、调解员的意识；Carnevale 和 Pruitt（1992）提出影响调解员行为的因素有调解的阶段、调解员的认知、调解员的权力、调解员的偏见以及当事人的行为对调解员的影响。但是目前的实证研究或者关注调解员的主观动机，或者关注调解的客观情境，较少将两者结合起来研究调解的客观情境和调解员的主观动机如何相互作用影响调解员的策略选择。

通过回顾国外关于劳动争议调解策略及其影响因素的研究，我们发现目前针对西方文化情境的调解过程和策略研究已经相当丰富，但基于中国文化情境的调解过程和策略研究仍然较少。比较有影响力的研究，如 Wall 和 Blum（1991）对中国社区调解员的研究，发现中国调解员与国外调解员使用的策略有明显的差异，虽然也使用类似于 Kressel 和 Pruitt（1985）调解策略中的实质性战略，但中国调解员使用的主要策略是帮助、教育、依靠外部的力量——与 Kressel 的分类不同。目前还缺少对于中国劳动争议调解过程和策略的探索性研究。此外，关于调解策略的影响因素研究已经积累了一定的成果，但正如 Wall 和 Dunne（2012）在调解的文献回顾中提到的，以往研究发现了很多复杂的因素，导致很难发现关键的因素或者提供实在的建议，他提倡研究影响调解员策略的主要因素是什么，调解员使用的特定的策略有哪些主要的影响。尽管 Coleman 等（2015）、Mareschal（2005）对这一提议进行了回应，但这些研究是通过总结已有的西方文献中提到的影响因素，所构建的模型仍然是解释西方情境的模型，中国文化背景下影响调解员策略的因素还需要进一步探索和实证检验。同时，目前关于调解策略的影响因素研究或者关注调解员的主观动机，或者关注调解的客观情境，较少将两者结合起来，实际上调解策略的选择是在客观因素和主观动机的共同作用下产生的。因此，有必要探索调解策略的选择机制，研究调解的客观情境和调解员的主观动机如何相互作用影响调解员的策略选择。

四 劳动争议调解的效果研究

（一）劳动争议调解效果的评估方式

调解的效果是指对调解是否有效的评价，通常围绕调解过程产生的结果。在对调解效果进行评估之前，需要明确调解员的目标和动机。调解的目标之一是有效地达成和解——不管结果对双方是否是公平的。在大多数西方国家，这一目标来自作为一名调解员的现实需要。因为有一份良好的处理案件记录对于调解员而言是至关重要的，人们会倾向于选择那些有更高调解成功率的调解员。然而，在中国，调解员的调解成功率并不会对调解员造成较大的影响。调解员是由调解组织分配给当事人，而不是由当事人自愿选择的。同时，西方市场经济国家的调解员，无论是否能够获得最终的和解，都能够得到一定的报酬，而中国的调解员一般是兼职调解员，带有公益性质，调解员的物质报酬较低。另一个调解的目标是达成双方认为公平的协议，比如程序公平（Exon，2006）。一个公平的调解协议要考虑各方的利益以及利益如何分配（Van Gramberg，2006）。在劳动关系中，雇主一般而言比雇员控制更多的资源，比如财务资源、信息资源和专业能力。这种力量失衡可能会导致不公平的协议，因为调解的协议会反映争议双方已有的力量对比（Hughes，1994）。在中国情境下，政府大力提倡调解的重要目标是能够减轻仲裁和诉讼的压力，因此，快速地达成和解是首要目标，其次的目标是在法律范围内，争议双方能互谅互让，达成相对公平的协议，帮助劳动者维权。最后，在处理集体争议时，政府的目标是平衡经济利益、社会稳定和合法性三者的关系（孟泉，2014；程延园等，2016）。

对调解效果的评估是调解研究的落脚点，学者从不同的角度探究调解效果的评估方式，如从客观和主观效果的角度评估、从短期和长期效果的角度评估，从调解结果涉及主体的角度评估和以综合的方式评估等。首先，为了研究调解的有效性，大部分研究都关注了调解协议的签订率（Lipsky et al.，2003），研究数据表明调解产生了较高的和解率（Wood & Leon，2005）。然而，许多学者认为只关注这些客观的指标太有限，达成调解协议也不总是意味着所有的冲突问题解决了，通常当事人寻求的安慰不仅仅是金钱（Bond，1997）。因此，许多学者提倡将反映调解协议质量的主观指标（如当事人的信念和态度）和客观指标（冲突是否解决，是否达成协议）结合起来（Herrman et al.，2006；Poitras & LeTareau，2009）。

其次，有学者提出将调解的结果分为短期结果和长期结果（Pruitt et al.，1993；Beardsley et al.，2006）。几乎所有关于劳动争议调解结果的研究都关注了短期的结果，只有很少的研究检验了六个月或更长时间之后的长期结果。Pruittt 等（1993）提出短期调解成功可以用双方是否达成协议、双方认为调解结果满足目标的程度、双方调解结束后的即时满意度来衡量。长期调解成功可以用协议的履行、双方改善关系、没有出现新的问题。他们通过对实际调解过程的观察、编码后进行分析，发现调解的短期成功、协议的质量都不能预测长期成功。

类似地，Beardsley（2008）、Beardsley 等（2006）也发现了这两种调解结果的不一致。Bollen 和 Euwema（2013）将短期结果分为三类，分别是当事人的信念和态度（如对调解各个方面、协议履行的满意度）（Anderson & Bingham，1997；McDermott，2012；Poitras & Le Tareau，2009；Bollen et al.，2010；Bollen et al.，2012），冲突是否被解决（如达成协议、问题解决、分配公平、关系改善）（Kim et al.，1993；Mareschal，2005；Poitras & LeTareau，2009；Wood & Leon，2005），调解机构的情境（如调解机构的效率、效果、相对成本）（Anderson & Bingham，1997）。长期结果可以在调解结束六个月之后测量，如当事人关系的改善、协议的履行、恢复性正义等。

再次，Wall 和 Dunne（2012）、Wall、Stark 和 Standifer（2001）提出从当事人、调解员和第三方三个主体来分析调解的效果。当事人的一个主要结果是达成解决或者结束争论的协议。目前的文献表明，调解对于产生协议是有效的。在 1990 年以前的研究中，报告和解率大约是 60%（Kressel & Pruitt，1989），1990—2000 年这十年中，平均的报告率为 75%（Wall et al.，2001）。在最近的十年中，这个概率差不多是相同的，约为 80% 的概率。特别是，Zimmerman（2001）报告在美国公平就业机会委员会的调解中处理率为 64%。毫无疑问，这种高和解率有助于提高当事人的满意程度（Patterson，2006）。文献表明，当事人的调解满意度主要来源于调解是低价的（Kloppenberg，2001）、更快的（Swendiman，2001）、比其他形式的冲突解决更持久等（Landsman et al.，2003）。当事人也意识到调解在程序上（Welsh，2004）和报酬上（Hodak，2004）是公平的。除了这些好处，当事人发现这个过程给了他们宣泄的机会（Bleemer，2009），并且促进了他们和对手的关系改善（Crush，2007）。更重要的是，当事人总是把调解视作公平的（Mathews，2003），并且调解给当事人提供了对过程的控制（Bailey & Robbins，2005）和更高的解决问题的动力（Chen，2006）。因为上述好处，调解的协议往往比法院判决更彻底地执行（Landsman et al.，2003）。

调解员的结果主要来自于争议的解决。成功的解决争议能够帮助他们获得个人的满足感、威望和更多的调解工作。当争议没有解决时，调解员也能直接从调解的过程中收益。调解能够使调解员发展和磨炼他们的个人技能（Hedeen，2004）。尽管文献中报告了调解员能从调解中获得这些结果，但是没有研究调查调解员对这些结果的反应。如第三方对调解协议的批评是否促使调解员改变他们后续的调解策略？缺少和解是否会促使调解员改变他们的策略或者促使调解员继续使用现有的策略？第三方（利益相关方，而不是调解员）的结果来自达成协议和调解过程。对于第三方，最先的协议结果是敌对双方在接近结束时的和平。至于其他结果，一些研究表明调解能够减少法院诉讼案例（Van Epps，2001）和政府机构的案件积压（Swendiman，2001）。

综上所述，调解效果的评估不能仅仅关注双方是否达成一致协议，因为即使达成了一致协议，也不意味着所有的协议质量都是相同的。因此，应该将调解效果的客观评估与主观评估相结合、短期评估与长期评估相结合。

（二）劳动争议调解效果的影响因素研究

一些学者试图对影响调解效果的因素描绘出一种具有普遍解释力和政策含义的理论框架（Kochan & Jick，1978；Herrman，2006；Wall & Dunne，2012；Bollen & Euwema，2013）。例如，Kochan 和 Jick（1978）从四个方面研究影响调解效果的因素，分别是冲突的特点、情境特点、调解员的特点和调解的策略。Wall 和 Dunne（2012）以调解的情境、过程和结果来构建调解模型，发现国家、冲突的类型、文化和调解制度构成调解的情境，调解员与当事人的互动影响争议双方、调解员和第三方的结果。Herrman 等（2006）提出了一个包含调解前、调解过程和调解结果的调解模型。该模型的进步之处在于提供了一个动态分析框架，调解的前因变量影响调解的过程和结果，同时调解的结果会产生反馈，维持或改变调解过程和调解的前提条件。这些模型的共同之处在于将调解视为动态过程，关注情境因素对调解过程的影响，并强调调解过程中调解员与劳资双方的互动影响调解结果。

（三）劳动争议调解策略与效果的关系研究

当我们认为调解可以产生多种结果，调解员可以使用多种策略去实现它时，就出现了一个问题：哪种策略是最有效的？在什么情境下，调解策略是有效的？一些调解员行为似乎无论在什么争议情境下都有效。例如，Lim 和 Carnevale（1990）发现调解员控制日程和帮助双方确立优先问题与和解正相关，无论争议的特征如何。类似地，Pruitt 等（1990）发现建立日程与最终协议的共同利益程度正相关。Prein（1984）发现强调控制过程的调解策略与许多争议的解决都是正相关。Goldberg 和 Shaw（2008）通过当事人的自我报告，发现促进当事人建立关系的策略似乎会产生更高的和解率。这些报告与早期 Kressel 等（1994）的发现一致，当调解员试图改善双方关系而不是立即促使他们和解时，调解是更有效的。

然而，其他调解员策略的有效性似乎与争议的情境相关（Shapiro et al.，1985）。Donohue（1989）报告当冲突水平高但不是建设性的，当冲突强度低时，积极的调解员策略是有用的。Hiltrop（1985，1989）在英国劳动争议中发现了类似现象，当敌意程度高时，强制的、实质性的调解策略与和解正相关，但当敌意程度低时，这些策略的使用与和解负相关。在美国的专业调解员调查中，Lim 和 Carnevale（1990）发现当冲突强烈时，使用施压策略（如提到当事人的立场是不切实际的）是与和解正相关的，但当当事人之间的敌意较低时，使用施压策略与和解负相关。Zubek 等（1989）发现当当事人之间的敌意高且很少联合解决问题时，通过提出要解决的问题、挑战当事人提出方案、建议新方案和质疑对新方案的回应时，调解协议更可能达成；但当联合解决问题的水平较高时，如果调解员再使用这些策略，很难达成协议。这些发现表明当当事人能够自己解决争议时，调解员的干预应该让步（Rubin，1980，1981），但当冲突强度高且直接，强制干预是有效的。这些干预能使双方做出妥协，而且保留个人优势的感觉，因为妥协的动机可以被归因于调解员。这就是为什么调解有保留面子的功能（Bartunek et al.，1975；Pruitt & Johnson，1970）。调解员策略的权变使用进一步考虑了与调解员性别的关系。Eagly 和

Crowley（1986）报告男性比女性更倾向于任务导向，男性调解员比女性调解员更频繁地使用施压策略。另一方面，女性倾向于更加情绪化，关注得到他人的支持。这些研究总体的结论是技术是调解员最重要的工具，合适地使用技术会对调解结果产生决定性的影响。

总之，大多数研究认为一些调解员策略是更有效的，但是这方面的实证研究仍然较少。另一方面，还有一些研究认为调解员的策略对调解效果没有影响。例如，Mareschal（2005）发现调解员的行为与和解不相关，McDermott、Obar（2004）与 Peeples、Harris 和 Metzloff（2007）也有类似的发现。面对这些存在差异的研究结论，我们有必要进一步探索在中国情境下，劳动争议调解员使用的策略和调解效果之间的关系。

第二节 理论基础

一 权变的冲突管理策略理论

传统的冲突管理理论中，最有影响力的冲突管理策略分类是 Thomas 和 Schmidt（1976）根据自身利益和他人利益两个维度，划分了五种冲突管理策略，分别是合作、对抗、退让、妥协、回避。他们认为合作策略是冲突管理的最优策略，其次是妥协策略，应该避免使用对抗策略、退让策略和回避策略。然而，有学者提出了质疑，认为每一种冲突管理策略都有利弊和适合的条件。根据权变管理的思想，在不同的条件下有不同的最佳冲突管理策略选择，即权变的冲突管理策略（张泽梅、陈维政，2011）。同时，提出了可能影响冲突管理策略选择的情境因素，包括冲突性质、程度、力量对比、紧迫性和可控性。冲突管理策略的选择影响冲突效应的发挥，最终将影响个人绩效和组织绩效。与情境相匹配的冲突策略才是最优的冲突管理策略（张泽梅、陈维政，2011）。

调解作为第三方介入冲突管理的一种方式，关于调解效果的研究也出现了不同的理论分析视角。目前在调解领域，有三种理论视角解释调解的效果。第一种视角强调调解的独特性，认为通过一系列案例产生关于调解有效性的结论是不可能的（Meyer，1960）。对于 Meyer 而言，调解并不是一个简单的任务。他认为调解是依靠个人的权力，无法从他人获取经验。这种分析调解的视角得到另一个有经验的调解员 William Simkin 的回应，他认为调解中的变量太多，试图按照顺序、时间来描述典型的调解员行为是无用的。另一种视角受到组织变革和发展的影响，将调解从一种趣闻研究向规范性研究发展，引起了行为科学家的注意。通过咨询或促进沟通能促使改变，从人际争议到国际争端都可以产生成功的结果（Burton，1972；Fisher，1983；Mitchell，1981）。第一种视角强调争议的客观方面，假定所有的案件是不同的，研究不同种类的调解和结果是无意义的，而后者关注感知和沟通的主观因素，假定没有争议是太棘手的，有经验的第三方可以将所有的障碍扫清，达成协议，这两种方法都没有真正刺激实证研究的需求。

另一种更有前景的解释调解的方法是权变理论，这种观点认为调解的结果受到调解的情境和过程的影响。这种方式鼓励系统研究，因为它确定了变量及其属性，在真实的背景下能够检验和测量，能帮助鉴别影响调解效果的因素。Bercovitch 和 Langley（1993）提出调解的权变理论模型，认为调解的情境和过程相互作用，影响调解的结果。争议双方的特点、争议的特点和调解员的特点影响调解员的行为和结果。Wall 和 Dunne（2012）以调解的情境、过程和结果来构建调解模型，发现国家、冲突类型、文化和调解制度影响调解的过程，调解员与当事人互动影响争议双方、调解员和第三方的结果。Herrman（2006）提出了一个包含调解前、调解过程和调解结果的调解模型。该模型的进步之处在于提供了一个动态分析框架，调解的前因变量影响调解的过程和结果，同时调解的结果会产生反馈，维持或改变调解过程和调解的前提条件。这些模型的共同之处在于将调解视为动态过程，关注情境因素对调解过程的影响，并强调调解过程中调解员与劳资双方的互动影响调解结果。但是并没有进一步地分析调解的情境如何通过影响调解员的决策过程，进而影响调解的策略选择。

本书借鉴权变的冲突管理策略理论和权变的调解理论，将调解的情境、策略和效果联系起来，试图构建一个解释中国劳动争议调解的过程和效果的模型。本书总体的分析框架如图 2 – 1 所示。

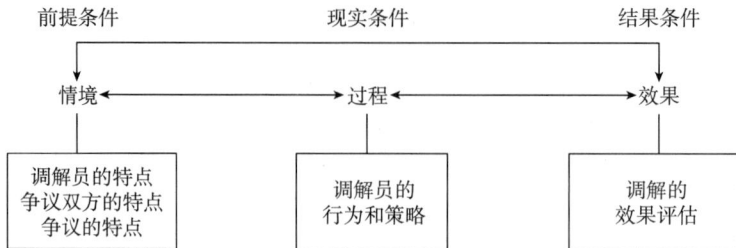

图 2 – 1　基于权变理论的劳动争议调解模型

二　冲突管理系统理论

冲突管理系统理论的核心观点是 1988 年由 Ury、Brett 和 Goldberg 在 *Getting disputes resolved：Designing systerms to cut the costs of conflict* 一书中提出的，这本书被认为做出了变革性的贡献（Costantino & Merchant，1996），许多后续的文献都是基于此进行的拓展。Ury 等（1988）基于争议处理的三种主要方式和设置争议处理程序的六种原则提出了"争议制度设计"的理论。首先，争议可以通过"以力量为基础的方式"解决，如罢工、闭厂或其他强制性的制裁。其次，争议也可以通过以"权利为基础的方式"解决，双方基于规则或原则寻求解决方案，如以集体协议或与就业权利有关的立法来解决，例如申诉程序和仲裁。最后，争议可以通过以"利益为基础的方式"解决，双方通过共同解决问题和相关的技巧来寻求识别和调解他们的需求或利益。以利益为基础的方式涉及调解、协商和其他联合解决问题的形式。Ury 等（1988）提倡采用以利益为基础的工作场所冲突管理方式，因为这种方式成本较低，而且能够比其他方式解决更多争议者关心的问题（Ury et al.，1988）。同时，利益为基础的争议处理方式也并不总是最优或最有效的，争议处理制度应该提供以低成本的权利为基础的方式，作为利益基础方式的补充。

Bendersky（2003）提出单个的争议处理方式都存在局限性，如以

"权利为基础"的处理方式只适合于处理违反法律、个人劳动合同等既定权利的争议，因为能够改善事实调查并减少因为双方力量不平衡而带来的偏见，但无法处理员工认为他们受到了不公平对待和其他没有被集体合同覆盖的冲突；以"利益为基础"的处理方式更加灵活多样，适合处理那些可能会向外部公共机构和法院申请的争议，但当争议涉及影响公共政策而不仅仅是个人争议处理时并不适合。因此，基于冲突管理系统的理论，涉及既定的权利侵害的个别争议，更适合采用"以权利为基础的处理过程"如仲裁、诉讼等方式，使用调解解决时，受到争议双方力量不平等的影响，调解的效果可能受到限制。而集体争议既可能涉及权利侵害，也可能包括利益争议，通过调解解决时灵活性更大，调解的效果更好。

三　调解的策略选择理论

Carnevale（1986）提出的策略选择模型认为有四种基本的调解策略：（1）整合策略，即找到一个能满足争议者主要期望值的方案；（2）施压策略，即降低争议者的期望或对让步的对抗；（3）补偿策略，提供一些补偿给争议者以换取他们的让步或和解；（4）无为策略，即让争议者自己解决冲突。除了这些策略，调解员还可以使用一些技术来促进每一个策略目标。例如，调解员可能通过告诉争议者不和解的高成本，或者调解员可以通过鼓励换位思考来促使达成整合式协议（Kressel & Pruitt，1985）。

策略选择模型是基于一个假设，即调解员的策略选择取决于一个决策过程，包括考虑与某种策略有关的成本收益，感知到策略的可行性、必要性和调解员的动机。这个模型提出调解员的策略选择取决于两个因素的相对作用。第一个因素是调解员对争议者实现他们期望的重视程度。当调解员希望看到争议者能实现双方满意的结果时，调解员会重视争议者的期望。这可能来源于调解员真正关注争议者的福利和满意度，或者是当调解员依赖争议者时的策略性考虑。第二个因素是调解员对达成双方可接受方案可能性的评估。这种可能性评估被视为"感知到的共同点"（perceived common ground）（Rubin et al.，1994）。感知到的共同点较多意味着双方有较低的期望（Raiffa，

1982），进一步意味着他们会和另一方合作。调解员的策略选择模型如图 2 - 2 所示。

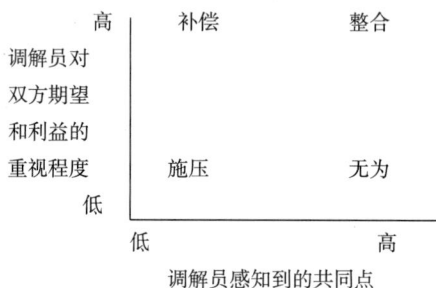

```
高        补偿              整合
调解员对
双方期望
和利益的
重视程度     施压              无为
低
         低                高
         调解员感知到的共同点
```

图 2 - 2 调解员行为的策略选择模型

　　这一模型有四个预测：一是当调解员不重视当事人的期望，而且感知到双方的共同点较少时，会采用施压策略。施压是可行的，因为满足当事人的期望并不重要，而且施压是必要的，因为缺乏共同点意味着双方不太可能达成协议，除非降低他们的期望值。二是当调解员重视当事人的期望但和解似乎不可能时，调解员会采用补偿策略。补偿和它的成本是可以接受的，因为当事人的期望是重要的，而且补偿也是必要的，因为很难通过综合双方的意见达成成功。三是当调解员重视当事人的期望，且感知到双方有共同点时，调解员会采用整合策略。整合是可行的，因为有达成双方可接受方案的可能性。同时，也是值得花费时间和精力去做的，因为当事人达成他们的期望值是重要的。四是当调解员不重视当事人的期望，而且感知到双方有很多共同点时，会采用无为策略。无为是可行的，因为当事人有机会自己达成共识，而且整合也不是必要的，因为这种形式的协议是不重要的。

　　策略选择模型假定调解员不仅考虑使用一种策略的原因，也考虑不使用一种策略的原因。例如，当很少有感知到的共同点时，调解员决定不整合，因为整合型协议实现的可能性很小。当感知到的共同点较多时，调解员决定不使用补偿或施压策略，因为很有可能达成协议，因此这些策略是没有必要使用的。当调解员不重视当事人的期望时，他们决定不使用补偿或整合策略，因为不值得花费成本和努力去实施这些策略。当当事人的期望是有价值的，调解员不会使用施压或无为策略，因为这些策略不可能引导当事人实现期望值（Carnevale，1986）。

四 行为决策理论

调解员的调解策略选择实质是一个行为决策的过程。行为决策理论可以用来解释调解员如何针对客观的情境因素进行主观的评估和判断，进而决定选择合适的调解策略。

从发展阶段来看，现代决策理论分为理性决策理论和行为决策理论（黄成，2006）。1980 年以前，占据绝对主导地位的现代决策理论是以期望效用理论为基础的理性决策理论。理性决策理论的发展主要基于预期效用理论（Von Neumann & Morgenstern，1944）和贝叶斯决策理论（Savage，1956）。他们的基本出发点是决策者是完全理性的，可以获得无限的资源加工数据，掌握有效的信息做出最优的选择。理性决策理论的三个主要特点是：一是立足于现状，在现有信息的基础上进行推理，并保持全过程的一致；二是预测可能的后果，并在预测的基础上，做出评价和选择；三是以概率论为基础，使用逻辑演绎和定量的分析方法。

阿莱斯和爱德华兹提出的两大悖论引发了行为决策理论的研究，这一理论主要针对理性决策理论存在的问题。这一理论也有三个主要特点：一是决策者的行为是出发点；二是关注决策者的认知过程，关注做出决策的内在心理；三是从决策者的心理过程出发，研究如何处理信息，如何受到内外部环境的影响，进一步提炼理性决策理论中忽视的个人行为因素，修正理性决策理论。行为决策理论的发展可以分为三个阶段：

1950—1970 年属于行为决策理论的萌芽阶段，主要分析理论决策理论存在的问题，并没有独立出一个研究领域。这一阶段主要研究判断和选择的过程。"判断"是指"人们如何估计事物发生的概率"，"选择"是指"在多个可选的事物中，人们是如何选择的"。研究的基础是认知心理学，认为人们通过处理信息进行判断和选择，这个过程有四个阶段，分别是获取、处理、输出和反馈信息（邵希娟、杨建梅，2006）；研究内容关注人们"判断"和"选择"进行的具体环节。

1970—1980 年，行为决策理论开始进入第二个阶段，成为相对独立的研究领域（黄成，2006）。在这个阶段，行为决策理论的研究对象开始拓展到决策的各个环节，包括情报收集、设计、选择和实施（黄成，2006）。行为决策理论开始基于人们的实际行为决策建立描述性的决策模型，例如前景理论（Kahneman & Tversky，1979）指出决策分为编辑阶段和评价阶段。在编辑阶段，个体依据"框架"和"参考点"采集信息，而在评价阶段依靠价值函数和主观概率的权重作出判断。

1980 年后至今，行为决策理论进入第三个发展阶段。这个阶段的特点是开始概括行为的特征，提炼出可以测量的行为变量，然后运用到理性决策的分析框架中，将新兴的观点渗透到传统领域中（黄成，2006）。这个阶段的决策模型既考虑了客观情境和方案影响，也考虑了决策者的主观心理过程，使这一模型更具有普适性，这是行为决策理论走向成熟的重要标志。

最新的行为决策理论中既考虑环境对行为决策的影响，也考虑决策者的主观心理因素，这一理论解释模型能够用来解释调解员在调解策略选择时，既受到客观情境因素的影响，也受到调解员主观心理因素的影响。

第三章　个别争议和集体争议调解效果差异的实证研究

　　改革开放以来，中国的劳动关系经历了重大的变革，经济全球化、所有制改革、城镇化进程等加剧了劳资之间的冲突。自 2008 年劳动领域一系列法律颁布以来，劳动争议案件大幅度增加，尤其是集体争议和群体性事件频繁发生。[①] 根据争议的主体不同，可以将劳动争议划分为个别争议和集体争议，其中个别争议是雇主和单个劳动者发生的争议，集体争议是劳动者团体与用人单位一方因签订和履行集体合同而发生的争议。从现有的成文法规定来看，我国的集体争议主要分为三类，即十人以上有共同请求的集体劳动争议、集体合同争议以及自发性的集体行动争议。[②] 根据以往的研究以及笔者的调研发现，从争议发生的具体原因和背景看，个别争议发生的原因主要包括企业拖欠工资、加班费；企业未与劳动者签订合同，劳动者要求支付双倍工资；企业未支付经济补偿金或经济赔偿金；企业未缴纳社会保险等。集体争议发生的原因主要包括因拖欠工资引发的争议；因欠缴社会保险引发的争议；因企业关停搬迁引发的争议；因企业裁员引发的争议；因企业股权转让引发的争议；因员工要求涨工资引发的争议等。两者产生的根源差异在于集体争议受到国家的宏观政策环境和经济形势的影响较大，但个别争议也受到外部环境的影响，且用人单位违法用工行为和劳动者自身因素是个别和集体争议产生的共同原因。

---

　　① Elfstrom M and Kuruvilla S, "The changing nature of labor unrest in China", *Industrial and Labour Relations Review*, Vol. 67, No. 2, 2014, pp. 453 – 480.

　　② 常凯：《我国劳资集体争议的法律规制体系建构研究》，《南京大学学报》（哲学·人文科学·社会科学）2017 年第 5 期。

从争议的性质看，个别争议和集体争议都以权利争议为主，目前集体争议的利益争议有增加趋势，但仍然以权利争议（如工资、经济补偿金、加班费等）为主。从争议的特点看，个别争议是由单个劳动者提出的，诉求相对而言更加个性化、特殊化，而集体争议是由劳动者团体与雇主发生的争议，由于人数多、劳动者的诉求更加集中而呈现一定范围的普遍性，但个别争议和集体争议的核心诉求都是关于劳动报酬、保险福利、补偿赔偿、工作时间、劳动合同等方面。

目前，我国的劳动争议处理制度主要针对个别争议所设计，可以采取协商、调解、仲裁、诉讼的途径解决。而对于集体争议，尤其是自发性的集体行动争议，缺乏完善的法律法规，目前的处理方式以调解为主。[①] 尽管调解在处理个别争议和集体争议中都发挥了重要作用，但两种类型争议的调解机制和手段存在差异。如我国人力资源社会保障部与中央综治办在《关于加强专业性劳动争议调解工作的意见》中，提出了分类调解的处理方式，对于小额、简单劳动争议案件，各类专业性劳动争议调解组织要探索符合其特点的调解制度和方法技巧，就近就地予以化解；对于重大集体劳动争议案件，各地仲裁机构要会同工会、企业代表组织及时介入，积极引导当事人双方通过调解化解争议。由此可见，在个别争议处理中，调解属于劳资双方自愿选择的渠道，主要由单个的中立第三方，依据法律规范和道德规范，劝说争议双方当事人达成和解协议。而在集体争议，尤其是重大集体争议处理中，调解是主要的争议处理方式，通常由多个部门介入共同调处。尽管两种类型争议的处理机制和手段不同，但其本质的逻辑是一致的，都是通过第三方介入的方式促使争议双方达成和解。因此，基于个别争议和集体争议诉求的同质性以及调解解决两种争议的逻辑一致性，我们可以对个别争议和集体争议调解的效果进行比较。

面对日益复杂化的劳资冲突，我国选择通过柔性的调解机制来疏

---

① 程延园、谢鹏鑫、王甫希：《我国集体争议处理制度：特点、问题与机制创新》，《中国人民大学学报》2015 年第 4 期。

导社会矛盾[1][2]，提倡建立健全人民调解、行政调解、仲裁调解、司法调解的联动工作体系，在劳动争议处理的各个阶段发挥调解的作用。如从2002—2014年劳动仲裁机构受理的案件中，调解结案的比例由28.49%上升到45.2%；法院受理的劳动争议案件通过调解结案的比例由18.62%上升到37.7%。2002—2014年企业劳动争议调解委员会的调解成功率由22.8%上升至51.9%，其中集体争议调解的成功率始终高于个别争议。例如2008年集体争议调解的成功率为50.99%，而个别争议调解的成功率仅为20%；到2014年集体争议调解的成功率上升到79.5%，个别争议调解的成功率为47.7%。数据表明，国家调解能力明显强化，但集体争议的调解成功率明显高于个别争议。由此引出的问题是：使用调解处理个别争议和集体争议的过程和效果是否存在差异？调解处理集体争议是否更有效？

　　调解的权变理论认为调解的情境和过程相互作用，影响调解的策略和效果。[3] 劳动争议的特征，如争议的强度、争议的类型和争议的复杂性等是影响调解策略和效果的重要情境因素。[4][5] 已有研究表明，调解对解决某些类型的争议更有效。[6][7] 例如，Hitrop 对260个调解案件进行分析后发现，争议的类型与调解和解的可能性显著相关。涉及工资和其他雇佣相关的条款的案件中，73%的案件实现了和解，而涉

①　岳经纶、庄文嘉：《国家调解能力建设：中国劳动争议"大调解"体系的有效性与创新性》，《管理世界》2014年第8期。

②　Chan C K C and Nadvi K，"Changing labour regulations and labour standards in China：Retrospect and challenges"，*International Labour Review*，Vol. 153，No. 4，2014，pp. 513 –534.

③　Bercovitch J and Langley J，"The nature of the dispute and the effectiveness of international mediation"，*Journal of Conflict Resolution*，Vol. 37，No. 4，1993，pp. 670 –691.

④　Bercovitch J，Anagnoson J T and Wille D L，"Some conceptual issues and empirical trends in the study of successful mediation in international relations"，*Journal of Peace Research*，Vol. 28，No. 1，1991，pp. 7 –17.

⑤　Herrman M S，Hollett N，and Gale J，"Mediation from beginning to end：A testable model"，*The Blackwell handbook of mediation：Bridging theory，research，and practice*，2006，pp. 19 –78.

⑥　Stevens C M，"Mediation and the role of the neutral"，in Dunlop J T and Chamberlain N，eds.，*Frontiers of Collective Bargaining*，New York：Harper and Row，1967，pp. 271 –290.

⑦　Rehmus C M，"Discussions and Reviews：The mediation of industrial conflict：a note on the literature"，*Journal of Conflict Resolution*，Vol. 9，No. 1，1965，pp. 118 –126.

及工会认可和其他非工资的案件只有 46% 的和解率。① 然而，对调解效果的研究只是笼统的讨论，少有研究综合地评估调解在不同类型劳动争议处理中的效果。庄文嘉通过对 1999—2011 年劳动仲裁的省际面板数据分析发现，发现劳动仲裁机构在调解时具有高度的选择性，体现为重点防范大规模的集体争议，而相对忽略小规模的集体争议或个体争议，这种选择性导致劳动仲裁机构受理的集体性劳动争议人数规模下降，但其发生的频率并没有减少，仲裁调解对集体争议的效果优于个别争议。② 该研究主要从宏观的角度分析国家的制度选择性对争议处理效果的影响。另一些学者对于调解效果的研究关注微观层面的调解过程，如争议双方的力量对比和调解员的策略选择。谈判双方的力量，无论是平衡或不平衡，都会影响调解的效果。③④ 调解员在调解过程中发挥着重要的作用，尤其是在双方力量不平衡时，调解员被建议站在弱势一方。⑤⑥ 实际上，不同类型劳动争议调解的效果既受到宏观层面的制度设计和选择的影响，也受到微观层面劳资双方力量对比和调解员的影响。

本章试图将宏观层面的制度设计和微观层面的双方谈判力量与调解员行为结合起来，基于冲突管理系统理论和权力依赖理论，分析个别争议和集体争议调解效果的差异。受限于档案数据涵盖的信息，本章对调解效果的评估主要从调解的时间和劳动者的让步程度两个角度

---

① Hiltrop J M, "Mediator behavior and the settlement of collective bargaining disputes in Britain", *Journal of Social Issues*, Vol. 41, No. 2, 1985, pp. 83 – 99.

② 庄文嘉：《"调解优先"能缓解集体性劳动争议吗？——基于 1999—2011 年省际面板数据的实证检验》，《社会学研究》2013 年第 5 期。

③ Mayer B, "The dynamics of power in mediation and negotiation", *Mediation Quarterly*, Vol. 16, 1987, pp. 75 – 86.

④ Olekalns M, "Conflict at work: Defining and resolving organizational conflicts", *Australian Psychologist*, Vol. 32, No. 1, 1997, pp. 56 – 61.

⑤ Ippolito C A and Pruitt D G, "Power balancing in mediation: Outcomes and implications of mediator intervention", *The international Journal of Conflict Management*, Vol. 1, No. 4, 1990, pp. 341 – 355.

⑥ Laskewitz P, Van de Vliert E, and De Dreu C K, "Organizational mediators siding with or against the powerful party?" *Journal of Applied Social Psychology*, Vol. 24, No. 2, 1994, pp. 176 – 188.

来衡量。尽管是否达成和解被认为是评估调解有效性的关键指标①②，但达成和解的效率和公平性，也是非常重要的衡量指标③（Budd & Colvin，2008）。同时，通过统计年鉴的数据可知集体争议的调解成功率高于个别争议。本章主要关注调解的时间和劳动者的让步程度，通过达成和解的时间衡量调解的效率，通过劳动者的让步程度衡量调解协议的公平性。

第一节　理论基础和研究假设

一　冲突管理系统理论

冲突管理系统理论的核心观点是 1988 年由 Ury 等在 *Getting disputes resolved：Designing systerms to cut the costs of conflict* 一书中提出的，这本书被认为做出了变革性的贡献④，许多后续的文献都是基于此进行的拓展。Ury 等（1988）基于争议处理的三种主要方式和设置争议处理程序的六种原则提出了"争议制度设计"的理论。首先，争议可以通过"以力量为基础的方式"解决，如罢工、闭厂或其他强制性的制裁。其次，争议也可以通过以"权利为基础的方式"解决，双方基于规则或原则寻求解决方案，如以集体协议或与就业权利有关的立法来解决，例如申诉程序和仲裁。最后，争议可以通过以"利益为基础的方式"解决，双方通过共同解决问题和相关的技巧来寻求识别和调解他们的需求或利益。以利益为基础的方式涉及调解、协商和其他联

---

①　Kim N H，Wall J A，Sohn D W，et al.，"Community and industrial mediation in South Korea" *Journal of Conflict Resolution*，Vol. 37，No. 2，1993，pp. 361 – 381.

②　Wood D H and Leon D M，"Measuring value in mediation：a case study of workplace mediation in city government"，*Ohio St. J. on Disp. Resol*，Vol. 21，2005，p. 383.

③　Budd J W and Colvin A J，"Improved metrics for workplace dispute resolution procedures：Efficiency，equity，and voice"，*Industrial Relations：A Journal of Economy and Society*，Vol. 47，No. 3，2008，pp. 460 – 479.

④　Costantino C A and Merchant C S，"How to design conflict management systems"，*Alternatives to the High Cost of Litigation*，Vol. 14，No. 4，1996，pp. 48 – 49.

合解决问题的形式。①

Ury 等（1988）提倡采用以利益为基础的工作场所冲突管理方式，因为这种方式成本较低，而且能够比其他方式解决更多争议者关心的问题。同时，以利益为基础的争议处理方式也并不总是最优或最有效的，争议处理制度应该提供以低成本的权利为基础的方式作为利益基础方式的补充。Bendersky 提出单个的争议处理方式都存在局限性，如以"权利为基础"的处理方式只适合于处理违反法律、个人劳动合同等既定权利的争议，因为能够改善事实调查并减少因为双方力量不平衡而带来的偏见，但无法处理员工认为他们受到了不公平对待和其他没有被集体合同覆盖的冲突；以"利益为基础"的处理方式更加灵活多样，适合处理那些可能会向外部公共机构和法院申请的争议，但当争议涉及影响公共政策而不仅仅是个人争议处理时并不适合。②

因此，基于冲突管理系统的理论，不同类型的争议适合采用不同的处理方式。个别争议主要涉及既定的权利侵害，采用"以权利为基础的方式"，如仲裁、诉讼等方式时，能够改善事实调查并减少因为双方力量不平衡而带来的偏见。相反，如果采用调解解决时，由于争议双方力量相对不平等，调解结果的公平性可能下降。而集体争议更加复杂，既可能涉及权利侵害，也可能包括利益争议，可以通过"以力量为基础的方式"解决，但由于我国缺乏相关的法律规定，使其缺乏明确的处理依据。由于以"利益为基础的方式"处理更加灵活多样，双方可以通过调解他们的需求或利益来达成一致。因此，通过调解解决集体争议时，效果更好。

二 权力依赖理论

权力（power）通常被定义为一方影响和控制其他人行为的能

---

① Ury W L, Brett J M and Goldberg S B, *Getting disputes resolved：Designing systems to cut the costs of conflict*, San Francisco, CA：Jossey – Bass, 1988.

② Bendersky C, "Organizational dispute resolution systems：A complementarities model", *Academy of Management Review*, Vol. 28, No. 4, 2003, pp. 643–656.

力。① 根据 Emerson 提出了权力依赖理论，即 A 对 B 的谈判权力是基于 B 对 A 的依赖性。一方对另一方的依赖性取决于结果的价值和可替代资源的获得性。结果的价值是指结果的重要性或需要程度，可替代资源的获得性是指从其他来源获得资源的可能性。② 运用到劳动争议调解情境中，则包括两个可替代性维度（雇员的可替代性工作和雇主的可替代性员工）和两个价值维度（对雇员而言达成和解的重要性和对于雇主而言达成和解的重要性）。权力依赖理论指出谈判主体可以运用依赖程度的信息来判断各自的潜在力量。当雇员有较少的可替代资源且将目前结果视为非常重要时，雇主就被感知到是力量较强的一方。在劳动关系中，劳资双方力量不仅取决于自身拥有的影响和控制对方的能力，还受到其他制度性主体的影响，如政府、工会、NGO组织。

　　首先，对于可替代资源的获得性维度，雇主在个别争议中可替代资源的获得性优于集体争议，因而在个别争议中雇主对劳动者的依赖程度低于集体争议。在个别争议中，单个的劳动者拥有的劳动力资源能较轻易地在劳动力市场上获取。而在集体争议中，当多个劳动者集体离职时，雇主在短时间内补充所需劳动力的难度加大。因此，在集体争议中，雇主获取可替代员工的可能性小于个别争议。如在一起集体争议案件中，由于涉及的劳动者人数占到企业员工规模的一半，雇主无法再进行正常的生产运营，而主动请求劳动行政部门介入加快处理争议。其次，对于结果的价值维度，企业对个别争议的调解结果重视程度低于集体争议。雇主比单个的劳动者拥有更多的财务资源、时间资源和谈判的知识技能等，更有能力和时间通过仲裁、诉讼解决争议，对调解和解的需要程度低。在笔者观察的多起个别争议案件中，雇主方提到"我们坚决不会在调解阶段让步，我们有足够的时间，有专业的人员来处理案件，我们就等着进入仲裁"，"员工辞职了，他要

---

　　① Manz C C and Gioia D A, "The interrelationship of power and control", *Human Relations*, Vol. 36, No. 5, 1983, pp. 459 – 475.

　　② Emerson R M, "Power – dependence relations", *American sociological review*, 1962, pp. 31 – 41.

去找工作，需要花大量的时间，如果一直把时间耗费在处理案件，对他来说损失更大，我们就慢慢拖延时间，让他来让步"[1]。相反，单个劳动者对和解的重视程度较高，因为仲裁和诉讼的高时间成本使劳动者愿意为了节省时间而做出较大让步达成和解。如劳动者提到"我现在就是想早点拿到我的工资和补偿金，哪怕稍微少一点都可以接受，不想再耗费太多的时间精力了"。而当发生集体争议时，劳动者可以通过推举谈判代表的方式表达诉求，在一定情况下，通过罢工等集体行动对企业产生威胁。[2] 此时，劳动者掌握了企业需要的劳动资源和生产资源，导致企业对调解重视程度增加。如果无法快速协商调解解决，可能造成企业生产经营中断。一旦进入仲裁诉讼程序，将对企业的声誉形象造成不良影响，尤其出现媒体报道时，负面影响更加严重。在此情境下，企业迫切希望快速解决集体争议，且愿意做出让步。如在一起集体争议案件中，由于劳动者采用停工的方式，企业无法进行生产经营，在政府介入后，企业提出希望能够快速解决，恢复生产。相反，劳动者不愿意轻易改变自己的立场。因此，在集体争议中，劳动者的谈判力量增强，促使调解速度加快，劳动者让步程度降低。

政府对集体争议的重视形成制度压力，使调解机构需要快速解决集体争议，更倾向于向企业方施压，平衡双方的谈判力量。政府在劳动关系系统中扮演着保护者、促进者、调停者、规划者和雇佣者等角色。[3] 近十年来，我国政府不断强化调解能力，一方面通过立法来巩固自身作为调解者的制度性角色，如颁布《劳动争议调解仲裁法》，增加调解组织的类型，扩大调解范围；另一方面通过动员组织和资源投入来加强作为调解者的实质性权力，如鼓励建立司法调解、人民调解、仲裁调解、行政调解的联动调解机制。虽然国家在战略层面提倡

---

[1] 基于对个别争议案件的观察。

[2] 程延园、谢鹏鑫、王甫希：《我国集体争议处理制度：特点、问题与机制创新》，《中国人民大学学报》2015 年第 4 期。

[3] 常凯：《劳动关系学》，中国劳动社会保障出版社 2005 年版，第 10 页。

"调解优先"①，但在实践中，国家对于个别争议和集体争议调解的重视程度和资源投入有较大的差异。中共中央、国务院 2015 年 3 月印发的《关于构建和谐劳动关系的意见》，明确指出要"依托协调劳动关系三方机制完善协调处理集体协商争议的办法，有效调处因签订集体合同发生的争议和集体停工事件。健全党委领导下的政府负责，有关部门和工会、企业代表组织共同参与的群体性事件应急联动处置机制，形成快速反应和处置工作合力，督促指导企业落实主体责任，及时妥善处置群体性事件"。2015 年 6 月，人力资源社会保障部与中央综治办在《关于加强专业性劳动争议调解工作的意见》中提出，"对于小额、简单劳动争议案件，各类专业性劳动争议调解组织要探索符合其特点的调解制度和方法技巧，就近就地予以化解；对于重大集体劳动争议案件，各地仲裁机构要会同工会、企业代表组织及时介入，积极引导当事人双方通过调解化解争议"。由于个别争议相对简单，一般由独任的调解员根据案件事实劝说双方做出让步以实现和解，对于难以达成和解的案件则进入仲裁程序处理。在个别争议处理程序中，调解属于劳资双方自愿选择的渠道，主要起到分流仲裁、诉讼案件，加速争议处理过程的作用。② 而集体争议涉及人数多、问题复杂、影响范围广，成为国家的调动多方资源重点防范的对象。例如，全国大多数地区都制定了关于集体争议的专项处理方案，如 G 省各地基本都采用了"多部门联动模式"，由政府部门主导，不同职能部门共同参与的联动。③

　　政府对个别和集体争议的重视程度和处理方式的差异，直接影响了劳资双方的力量对比和调解策略，进而影响了调解的效果。一方面，劳动者通过怠工、停工等方式，提升自己的谈判力量，倒逼政府介入向企业施压。另一方面，政府为了快速解决集体争议，控制其影

────────────

　　① 庄文嘉：《"调解优先"能缓解集体性劳动争议吗？——基于 1999—2011 年省际面板数据的实证检验》，《社会学研究》2013 年第 5 期。

　　② 王蓓：《劳动争议调解：实证分析与改革建言》，《社会科学研究》2012 年第 6 期。

　　③ 杨欣：《我国集体劳动争议处理法治模式及其选择——以利益性争议为关注》，《广东行政学院学报》2012 年第 12 期。

响范围，通过其调解的代理人，如工会、仲裁机构、法院等向企业方施加压力，促成双方和解。① 如在处理一起由于拖欠工资 140 余名职工罢工的案件中，地方党委、地方工会、人社局、公安局、司法局等多个部门迅速介入，为了维持现场秩序稳定，每天都有相关部门人员现场值守，协调服务，最终由地方工会调解解决。在处理一起由于股权交易而影响员工权益引发 2000 多名员工罢工的案件中，地方党委、劳动行政部门、综治维稳部门共同介入，直接前往现场，确保当地社会稳定，最终由地方党政支持双方协商谈判解决。在具体策略的选用上，政府着重考量自身、工人、工会与企业四个主体的客观要素特征与行为逻辑特点②，其深层逻辑在于维护经济发展、社会稳定与政府的合法性。③④ 因此，在处理集体争议时，国家的高度重视和联动处理模式促使争议的快速解决。

同时，调解员的调解策略也会受到外在制度压力的影响。在处理一项因解除劳动合同而引发的个别争议中，调解员提到"我们会分别和劳动者、企业方沟通，基于法律和客观事实，向双方说明调解的好处和进入仲裁可能的结果，劝说双方做出让步。我们会让双方有足够的时间考虑，如果双方实在不让步，我们也就把案件转交给仲裁部门了"。而在处理集体争议时，调解员普遍提到"集体争议的处理单靠我们还是不够的，还需要党委的支持和多个部门的共同合作，比如司法局、公安局、综治维稳部门。处理集体争议最重要的是维护社会稳定，尤其是员工采取了一些行动的时候，更需要快速处理。处理过程中，我们更多地会向企业施压，促使企业做出让步，更快速地解决争

---

① 杨欣：《我国集体劳动争议处理法治模式及其选择——以利益性争议为关注》，《广东行政学院学报》2012 年第 12 期。

② 李维阳、孟泉：《政府治理集体性劳资纠纷的策略选择及其影响因素研究》，《中国人力资源开发》2018 年第 9 期。

③ 孟泉：《塑造基于"平衡逻辑"的"缓冲地带"——沿海地区地方政府治理劳资冲突模式分析》，《东岳论丛》2014 年第 5 期。

④ 程延园、谢鹏鑫、周静、冯娇娇、王甫希、王媛媛：《地方政府介入集体劳动争议的策略及其影响因素——基于北京市的典型案例》，《中国劳动关系学院学报》2016 年第 3 期。

议"①。因此,在多重施压下,企业在集体争议中让步的可能性加大,劳动者让步的可能性降低,且调解的时间更短。

据此,我们提出以下假设:

假设1:集体争议的调解时间短于个别争议。

假设2:劳动者在集体争议中的让步程度低于个别争议。

第二节 研究方法

一 数据来源

本章数据来源于北京市劳动争议调解中心的案件数据库。2009年,北京市总工会与市司法局、人力资源和社会保障局建立了三方联动劳动争议调解机制。随后,北京市高级人民法院、企业联合会、信访办加入,形成了六方联动机制。到2010年,北京市所有区县都建立了劳动争议调解中心。该数据库包含了争议双方的特征、案件特征和调解员的特征。本章选取2011—2015年7月北京市劳动争议调解中心的11723个案件作为样本(各个区县的样本分布见表3-1)。

表3-1　　　　　　　　样本数及分布　　　　　　　　单位:件

区县	案件数量	区县	案件数量	区县	案件数量
朝阳区	1374	东城区	1826	开发区	367
海淀区	2278	丰台区	759	怀柔区	198
石景山区	1050	大兴区	258	房山区	563
西城区	670	密云县	168	顺义区	177
通州区	799	平谷区	826	产业调解中心	13
门头沟区	118	延庆县	249	市调解中心	30

二 变量选取与模型构建

本研究的因变量为调解效果,由调解时间和劳动者的让步程度来衡量。其中调解时间是连续变量,是调解的结案时间与受理时间的差

---

① 基于对调解员的访谈。

值；劳动者的让步程度由劳动者的申请金额减去调解金额的差再除以申请金额衡量。[1] 解释变量为争议的类型（1 = 集体争议；0 = 个别争议），这里的集体争议是包括 10 人以上有共同诉求的劳动争议和自发性的集体行动争议。控制变量包括劳动者的特征、调解员的特征和争议的特征，具体可见表 3 - 2 的变量定义及其描述。

表 3 - 2 　　　　　　　　　　变量定义及其描述

变量名称		符号	变量定义	均值	标准差
自变量	争议类型	Type	个别争议 = 0；集体争议 = 1	0.03	0.17
控制变量	所在区县	District		10.44	4.09
	争议原因	Reason	拖欠工资 = 1；双倍工资 = 2；经济补偿金 = 3；经济赔偿金 = 4；加班费 = 5；社会保险 = 6；补助金赔偿 = 7；确认劳动关系 = 8；继续履行合同 = 9，其他 = 10	2.75	1.76
	诉求数量	Number	申请请求中涉及的诉求个数	1.58	0.69
	诉求金额	Initialmoney	申请请求中涉及的诉求金额之和	56717.9	2354.0
	劳动者性别	Lgender	男性 = 1；女性 = 0	0.55	0.50
	劳动者年龄	Lage	数值变量，以岁计	34.21	9.77
	劳动者受教育程度	Leducation	小学及以下 = 1；初中及高中 = 2；大专 = 3；本科 = 4；硕士及以上 = 5	2.09	0.59
	劳动者户籍	Register	农村 = 1；城镇 = 0	0.54	0.50
	调解员性别	Mgender	男性 = 1；女性 = 0	0.64	0.48
	调解员年龄	Mage	数值变量，以岁计	41.56	9.65
	调解员学历	Meducation	大专 = 1；本科 = 2；硕士及以上 = 3	2.13	0.59
	调解员平均每年工作量	Workload	数值变量，平均每年工作数量	77.33	66.42
	调解经验	Mexpirence	数值变量，以调解员调解工作年限计算	1.68	0.51
因变量	调解时间	Time	数值变量，调解的结案时间 - 申请时间	55.75	44.94
	让步程度	Concession	（申请金额 - 调解金额）/申请金额	0.50	0.34

[1] 程延园、谢鹏鑫、冯娇娇、王甫希、徐晓世：《劳动争议调解会损害劳动者权益吗？——劳动者的让步程度及其影响因素研究》，《中国人力资源开发》2016 年第 9 期。

从争议的特征看，劳动者最常见的诉求是经济补偿金，占比35.6%。其次是工资拖欠（29.3%）。劳动者提出多项诉求，案件日益复杂，平均每个案件劳动者提出 1.58 项诉求，劳动者提出单一诉求的案件占 54.1%，最多的诉求达到 15 项。从劳动者的特征看，受教育程度总体偏低，劳动者的教育水平为高中及以下的占 90.1%，只有 6.1% 的劳动者接受了本科及以上教育。绝大部分案件为个别争议，占 97.03%，集体争议占 2.97%，其中 10 人以上的集体争议占集体争议总量的 88.15%，自发性的集体行动争议占 11.85%。（2006—2014 年全国基层工会劳动争议调解委员会受理的集体争议案件占总案件的比例平均为 6%，2006—2014 年全国各级劳动争议仲裁机构受理的集体争议案件占总案件的比例平均为 2.13%，说明本研究的集体争议案件的比例与全国数据相近，具有一定的代表性）。

由于调解时间和让步程度都是连续变量，因此采用最小二乘法回归模型进行检验，可以表示为下述式（1）和式（2）。其中，因变量 Y_1 表示调解时间，Y_2 代表劳动者的让步程度，Type 表示争议的类型，同时控制其他自变量。

$$Y_1 = \beta_0 + \beta_1 Type_i + \varepsilon_i \tag{1}$$
$$Y_2 = \beta_0 + \beta_2 Type_i + \varepsilon_i \tag{2}$$

第三节　研究结果

一　相关分析

由表 3–3 可知，2.97% 的案件是集体争议案件，劳动争议调解的平均处理时间为 55.75 天，劳动者的平均让步比例为 0.495。争议类型与处理时间和劳动者的让步程度显著负相关。集体争议调解的平均时间是 49.85 天，个别争议调解的平均时间是 55.93 天（这里的处理时间是从申请日期到结案日期的时间）；集体争议中劳动者的平均让步程度是 29.6%，个别争议中劳动者的平均让步程度是 50.14%。

表 3 - 3 主要变量的均值、标准差与相关分析结果

	M	SD	1	2	3
1 争议类型	0.030	0.170	1		
2 调解时间	55.75	44.94	- 0.029 **	1	
3 劳动者让步程度	0.495	0.343	- 0.103 **	0.042 **	1

注：* $p < 0.05$. ** $p < 0.01$. *** < 0.001。

二 回归结果及分析

回归结果如表 3 - 4 所示，模型 1 的 F 值和 R^2 变化值分别为 22.018 和 0.001，模型 2 的 F 值和 R^2 变化值分别为 11.585 和 0.033，两个模型整体都显著，且具有良好的解释力。

表 3 - 4 争议类型对调解效果影响的回归模型

变量	模型 1 调解时间[n1]	模型 2 让步程度[n2]
常量	19.651 *** (5.382)	- 0.165 *** (0.039)
案件区域	- 1.268 *** (0.124)	- 0.008 *** (0.001)
诉求数量	3.304 *** (0.685)	0.060 *** (0.005)
劳动者性别	2.047 * (0.900)	- 0.017 ** (0.007)
劳动者年龄	- 0.175 *** (0.047)	- 0.001 *** (0.000)
劳动者教育程度	8.831 *** (0.796)	- 0.024 *** (0.006)
劳动者户籍身份	- 8.001 *** (0.953)	0.018 ** (0.007)
诉求内容	是	是
申请金额	3.156 *** (0.831)	0.191 *** (0.006)
调解员性别	- 1.777 (1.071)	- 0.022 ** (0.008)
调解员教育程度	12.373 *** (0.805)	- 0.057 ** (0.006)
调解员年龄	0.597 *** (0.058)	0.001 ** (0.000)
调解员经验	- 1.324 *** (0.374)	- 0.014 *** (0.003)
调解员年工作量	- 13.762 *** (0.000)	0.029 *** (0.007)
争议类型	- 7.130 * (2.856)	- 0.390 *** (0.020)
调整 R^2	0.125	0.295
$\triangle R^2$	0.001 *	0.033 ***
F	22.018	11.585

注：$n_1 = 8212$，$n_2 = 7866$，* $p < 0.10$；** $p < 0.05$；*** $p < 0.01$。

1. 集体争议的调解时间显著短于个别争议。相对于个别争议而言，集体争议的调解时间缩短 7. 13 天。当劳动者人数增加时，劳动者的谈判力量增强，劳动者群体要求及时快速解决争议的动机更强烈，企业受到劳动者可能或已经采取的集体行动的威胁，也希望快速解决争议。尽管从争议的复杂程度看，集体争议比个别争议更复杂，可能需要更长的处理时间，但集体争议的劳动者存在共同诉求，一旦调解员能够抓住劳动者集体的关键人物和劳动者的关键诉求，往往可以通过一部分人签订和解协议，带动其他人陆续同意调解方案，快速解决争议。同时，在国家重点防范集体争议，多部门联动调解集体争议的背景下，调解员也会调整调解策略，投入更多的人力物力，加快解决集体争议。

2. 集体争议中劳动者的让步程度显著低于个别争议中劳动者的让步程度。相对于个别争议而言，集体争议的让步程度降低39%。劳动者个体在与企业发生争议时，即使是个人的法定权利受到侵害，也很难促使企业让步，因为劳动者较少能提供完整的证据证明企业的违法行为。相反，企业即使存在违法性，也不愿意在调解阶段做出较大的让步，因为企业预期劳动者在仲裁或诉讼中能完全获胜的可能性较低。同时，企业利用劳动者希望快速解决争议，获得索赔的心理，强调仲裁、诉讼需要花费的时间成本，促使劳动者做出让步。当劳动者与企业发生集体争议时，劳动者集体对企业生产经营和内部管理的影响力加大，劳动者的谈判力量增强，能够迫使企业做出让步。多部门联动共同调解，对企业和劳动者双方都形成了较大的压力，尤其是对企业方，政府部门的施压使其让步程度加大。

第四节　研究小结与讨论

本章采用 2011—2015 年北京市劳动争议调解中心的案件数据，研究了集体争议和个别争议调解效果的差异。调解效果主要从调解的效率（调解时间）和调解的公平性（劳动者的让步程度）两个角度来衡量。研究发现：运用调解处理集体争议案件时，其耗费的时间短于个别争议，劳动者的让步程度低于个别争议。由此可见，在集体争议中使用调解的效果优于个别争议。本研究没有将调解的成功率作为因变量，并不意味着调解的成功率无法衡量调解的效果，而是受到研究数据的限制。该研究数据是由北京市各个区县将调解的案件上报到北京市总工会，但由于只有调解成功的案件才能得到一定的补助，所以绝大部分区县在上报时，只填报了成功的案件，导致本数据的成功率不能代表实际的成功率，因而，在数据分析时无法使用。实际上，通过全国工会参与的劳动争议调解数据可知，集体争议调解的成功率显著高于个别争议，这也可以从另一侧面反映，集体争议调解的效果比个别争议更好。

本章的主要研究贡献有以下几个方面：首先，拓展了调解权变理论中关于争议特点会影响调解效果的假设。具体而言，争议的类型（个别争议/集体争议）会影响调解的时间和劳动者的让步程度，集体争议的调解时间比个别争议短，集体争议调解中劳动者的让步程度小于个别争议。过去关于争议特点的研究主要关注争议的强度、争议的类型（权利争议和利益争议）、争议性质（如关于合同条款、就业条件等争议）的影响[1]，鲜有研究关注个别争议和集体争议调解的差异。这可能由于国外对于劳动争议调解的研究主要是指集体争议调解[2][3]，而个别争议主要采用判决的方式解决。我国劳动争议处理制度中，强调调解优先的原则，在个别和集体争议处理的过程中都强调使用调解的手段。对于个别争议和集体争议这一劳动争议特点对调解效果的研究，能拓展调解权变理论中关于争议特点因素的考量。

其次，实证研究结果拓展了冲突管理系统理论中对于不同种类争

---

① Herrman M S, Hollett N, and Gale J, "Mediation from beginning to end: A testable model", *The Blackwell handbook of mediation: Bridging theory, research, and practice*, 2006, pp. 19 – 78.

② Kolb D M, "Strategy and the Tactics of Mediation", *Human Relation*, Vol. 36, 1983, pp. 247 – 268.

③ Lim R G and Carnevale P J, "Contingencies in the mediation of disputes", *Journal of Personality and Social Psychology*, Vol. 58, No. 2, 1990, pp. 259 – 272.

议处理制度的比较。冲突管理系统理论认为，以"利益为基础"的处理方式，如协商和调解并不总是最有效的，以"权利为基础"的处理方式，如仲裁和诉讼适合于处理违反法律、个人劳动合同等既定权利的争议。[1][2] 本章研究发现调解更适合处理集体争议，调解的时间效率和结果的公平程度高于个别争议，说明在中国情境下个别争议和集体争议处理方式的效果与"权利为基础"和"利益为基础"处理方式的效果类似，但深层次的原因在于我国政府对个别争议和集体争议处理的目标的差异，政府更重视集体争议的处理，其深层逻辑是维护经济发展、社会稳定与政府的合法。[3][4] 同时，本章的结论也回应了国内学者对于劳动争议调解效果的争论。一些学者提出，调解有不同于仲裁和诉讼的优势，主要体现在速度快、灵活使用、经济成本低等方面，成为较好的替代性纠纷解决方式。[5] 国家构建的大调解体系，将工会、仲裁机构、司法机构等多个部门联动起来，进一步强化了调解的作用。[6] 然而，反对者认为劳资双方本质上存在不平等的地位，劳动者的谈判力量低于企业，因此通过调解难以维护合法权益。[7] 劳动者需要做出较大的让步，才能实现和解。[8] 本研究的结论表明，对

---

① Ury W L, Brett J M and Goldberg S B, *Getting disputes resolved: Designing systems to cut the costs of conflict*, San Francisco, CA: Jossey - Bass, 1988.

② Bendersky C, "Organizational dispute resolution systems: A complementarities model", *Academy of Management Review*, Vol. 28, No. 4, 2003, pp. 643 - 656.

③ 孟泉:《塑造基于"平衡逻辑"的"缓冲地带"——沿海地区地方政府治理劳资冲突模式分析》,《东岳论丛》2014 年第 5 期。

④ 程延园、谢鹏鑫、周静、冯娇娇、王甫希、王媛媛:《地方政府介入集体劳动争议的策略及其影响因素——基于北京市的典型案例》,《中国劳动关系学院学报》2016 年第 3 期。

⑤ 苏力:《关于能动司法与大调解》,《中国法学》2010 年第 1 期。

⑥ 岳经纶、庄文嘉:《国家调解能力建设:中国劳动争议"大调解"体系的有效性与创新性》,《管理世界》2014 年第 8 期。

⑦ Coleman P T, Kugler K G, Mazzaro K, et al., "Putting the peaces together: a situated model of mediation", *International Journal of Conflict Management*, Vol. 26, No. 2, 2015, pp. 145 - 171.

⑧ Gazal - Ayal O and Perry R, "Imbalances of Power in ADR: The Impact of Representation and Dispute Resolution Method on Case Outcomes", *Law & Social Inquiry*, Vol. 39, No. 4, 2014, pp. 791 - 823.

于调解的有效性不能一概而论，对于不同类型的争议调解的效果不同。运用调解解决集体争议时，其快捷方便的特点更为凸显，且因劳动者谈判力量的增强，能较好地保护劳动者的合法权益。而对于个别争议，调解的时间优势受到了一定的抑制，且劳动者确实需要做出较大的让步才能实现和解。

最后，个别争议和集体争议的调解过程体现了不同争议中劳资双方谈判力量的对比对调解结果的影响，同时政府力量的介入对双方的力量产生影响。通过分析其他外部主体对谈判双方力量的影响，拓展了谈判力量的分析框架。劳动者在个别争议调解中做出让步的程度更大，反映出劳动者在个别争议中的谈判力量相对较弱。而劳动者在集体争议调解的让步程度降低，说明劳动者在集体争议中的谈判力量增强。同时，一定程度上是由于政府力量的介入，影响了双方的力量对比。调解的过程也是劳资双方运用各自资源和力量进行博弈的过程，劳资双方力量的不平衡会体现在双方资源的分配上。力量和资源相对平衡的双方会产生相对平衡的资源分配，而如果一方的力量更强则会要求并最终得到更多的资源和更有利的结果。①

基于本章的实证研究结果，在劳动争议处理实践中应该充分发挥调解在集体争议处理的关键性作用，既能快速解决争议，也能维护劳动者的合法权益。而对于个别争议的处理，重视平衡双方谈判力量的差异。在劳动者相对弱势的情况下，给予劳动者更充分的话语权，并通过一定的调解策略促使企业快速解决争议，在双方力量悬殊较大的情况下，可以建议劳动者进入仲裁程序处理。

本章的研究存在几个方面的局限性。第一个局限性是研究结论的可推广性。本研究是基于北京市劳动争议调解中心的数据，最保守的解释是本章的研究结果只能用于解释北京市劳动争议调解中心的情境，可能无法代表我国其他地区的调解组织或者其他类型的调解组织。第二个局限性是本章只论证了个别争议和集体争议调解在处理时

---

① Rubin J Z and Brown B R, *The Social Psychology of Bargaining and Negotiation*, Elsevier, 2013.

间和劳动者让步程度上存在的显著差异，并没有实证研究其内在的机制。调解效果的差异可能是政府的外部压力和双方谈判力量的对比导致的，也可能是调解员策略的变化导致的。尽管本研究控制了一些可能影响调解结果的因素，但受到档案数据的限制，无法直接观察调解的过程，因此可能有其他的角度解释这一现象。调解效果差异可能是由调解员感知到争议的特点之后，选择不同的调解策略而产生的。因此，本书后续章节的研究将采用观察和访谈的方式分别分析个别争议和集体争议调解的过程，重点关注调解策略的差异对调解效果的影响。

第四章 个别争议调解的策略选择
及其影响因素研究

　　第三章的研究结论表明个别和集体争议调解的效果存在差异，这种差异可能受到多种因素的影响，其中调解策略是影响调解效果的重要因素。劳动争议调解策略是指劳动争议调解员在调解的过程中使用的一系列技术、技巧和方法的总和。大多数关于调解员行为的研究都试图识别具体的行为，如技术（tactics），并将它们进行分类或者组合成策略（strategies）。国外关于调解策略的研究相对成熟，形成了有代表性的调解策略分类，如 Kressel 将调解员的策略分成反射性（reflexive）、指令性（directive）和非指令性（nondirective）[①]；Kochan 和 Jick 将劳动调解员的技术分为非权变性策略和权变性策略[②]；Bartunek 等将调解员的技术分成内容和过程两类[③]。建立在西方文化背景下的调解研究推动了调解理论的发展，但由于中国有着与西方国家不同的文化背景和制度安排，建构在西方文化和制度背景下的调解的理论和方法是否能在中国适用值得进一步探讨。

　　Wall 和 Dunne 指出调解所在的国家是调解的重要情境因素，而国家是通过它的文化和制度来产生影响的[④]。文化的差异影响了当地人

---

　　①　Kressel K, *Labor Mediation: An Exploratory Survey*, Alban. NY: Assoc. Labor Mediation Agencies, 1972.

　　②　Kochan T A and Jick T, "The public sector mediation process: A theory and empirical examination", *Journal of Conflict Resolution*, Vol. 22, No. 2, 1978, pp. 209 – 240.

　　③　Bartunek J M, Benton A A and Keys C B, "Third party intervention and the bargaining behavior of group representatives", *Journal of Conflict Resolution*, Vol. 19, 1975, pp. 532 – 557.

　　④　Wall Jr J A and Dunne T C, "Mediation research: A current review", *Negotiation Journal*, Vol. 28, No. 2, 2012, pp. 217 – 244.

对冲突的态度和对调解的看法。例如，中国人将矛盾视作对他们人际交流和社会和谐的一种威胁①。然而，诉讼或者谈判需要面对面进行，会失了面子，这对追求"君子"品格的中国人来说难以接受。所以，在正式矛盾进一步激化之前，人们普遍喜欢通过一个中间人来调解以维持和谐。而在美国文化中，矛盾被认为是在各种关系中不可避免、十分必要并且时刻存在的过程。此外，美国社会高度尊重个人权利和自由，为了保卫这些权利，人们可以接受诉讼和谈判的方式。所以，在美国，调解是诉讼和谈判的一种替代。这种概念的差异，一部分是基于"中国调解"和"西方调解"语义和功能上的差别。② 在英语中，调解"mediation"这个词起源于拉丁语"mediare"，意思是"减半，处于中间"③，而中文中，"调解"字面上意味着"调整和解决"④。

中西方文化的差异是否会影响调解策略尚未形成一致的结论。Wall 和 Blum 通过对南京市社区调解员的访谈报告，证实"中国调解员与那些前工业化国家的调解员相似，而与美国的调解在很多方面存在差异"⑤，如中国的调解员使用外部支持策略，依赖第三方来批评或教育争议者，依赖外部的资源来获得争议者的合作，这些策略与西方的调解策略不同。而 Diamant 在对中国调解的定性研究中，挑战了Wall 和 Blum 的发现和研究结果。他认为，儒家思想与和合文化并没有在中国矛盾解决过程中起到 Wall 和 Blum 认为的那么重要的作用⑥，中国和其他亚洲国家对调解的偏好与阶层、宗教、性别相关，并没有

---

① Jia W S, "Chinese mediation and its cultural foundation", *Chinese conflict management and resolution*, 2002, pp. 289 – 295.

② Ibid. .

③ Wall Jr J A and Blum M, "Community mediation in the People's Republic of China", *Journal of Conflict Resolution*, Vol. 35, No. 1, 1991, pp. 3 – 20.

④ Deng Y, "Strategy to bring about a predetermined outcome in Chinese mediation: a study of contemporary Chinese mediation sessions in a southwestern province of China", *Intercultural Communication Studies*, Vol. 19, No. 3, 2010, pp. 1 – 20.

⑤ Wall Jr J A and Blum M, "Community mediation in the People's Republic of China", *Journal of Conflict Resolution*, Vol. 35, No. 1, 1991, pp. 3 – 20.

⑥ Diamant N J, "Conflict and conflict resolution in China: beyond mediation centered approaches", *Journal of Conflict Resolution*, Vol. 44, No. 4, 2000, pp. 523 – 546.

一个全国的模式。Read 和 Michelson 基于对北京和中国六个省份农村的调查和参与式观察真实调解案例,发现调解确实普遍存在于中国的农村,然而在城市中调解只在一些特定的情境下发生。那些积极参与基层治理的机构比其他人更有可能寻求这样的救济措施,而且在农村,女性比男性更可能使用调解。现代化可能会减少这种形式的争议解决方式的突出作用,然而即使在现代社会中,调解也并没有消失。①

以上存在分歧的结论主要是针对社区争议调解的跨文化比较。而劳动争议调解与社区调解具有较大的情境差异,社区调解是以邻里纠纷、家庭纠纷等为主,注重人际关系的维系,调解员大多为社区工作者,与当事人有一定的人际关系基础,而劳动调解涉及的雇主和雇员地位相对不平等,且涉及更多的劳动法律知识,调解员不一定与当事人存在前期的关系,其使用的调解策略也不同于社区调解。尤其是在发生集体争议时,参与调解的人员不限于单个的调解员,可能出现多个部门联动处理的调解机制。本研究意在从中国情境出发,应用扎根理论的研究方法,分别探索中国情境下个别和集体争议调解的策略选择及其影响机制,构建符合中国情境的个别和集体争议调解策略模型,再与西方国家的劳动争议调解策略进行对比,以回应文化和争议情境对调解策略的影响争论。

第一节 个别争议调解策略选择及其影响因素的扎根研究

一 研究方法

(一)扎根理论研究方法

扎根理论(Grounded Theory)最早是由美国学者 Glaser 和 Strauss 于 1967 年提出的一种定性研究方法。扎根理论的目标在于提供系统

---

① Read B L and Michelson E, "Mediating the mediation debate conflict resolution and the local state in China", *Journal of Conflict Resolution*, Vol. 52, No. 5, 2008, pp. 737 – 764.

的研究方法，以确保研究者从资料出发，发展出解释的理论。应用扎根理论的研究方法研究不同文化情境下的调解的策略是十分适合的，如 Grima 和 Paillé 等运用扎根理论研究了法国的调解策略及其影响因素。[①] 因此，从调解的过程出发，结合对调解员的访谈，收集一手资料，从资料中归纳编码，再提炼出理论的方法非常适合探索性地研究我国个别争议调解过程中使用的策略。

（二）样本选择

如表 4 - 1 所示，本研究的样本主要通过非参与式观察和半结构式访谈两种渠道收集数据，以更好地将不同来源的信息综合起来。如表 4 - 2 所示，在两种数据来源中，我们都采用质性研究的理论抽样方式。[②] 基于人口统计学信息（年龄、性别、受教育程度）和专业性特征（调解经验年限），尽可能使受访者多元化。

表 4 - 1　　　　　　　　　　　　数据的总体特征

非参与式直接观察	半结构化访谈	档案记录
5 个区县 10 个调解员被观察 16 个观察案例，平均每个案例 1.5 小时，包括 1—2 次联合调解，2—3 次背靠背调解	对 6 个区县 21 名调解员的理论抽样，代表了不同类型的调解员，处理的不同类型的争议，平均每人 1.5 小时	案件申请书、调解笔录、调解协议书、履行证明等归档材料

表 4 - 2　　　　　　　　　　　　两组样本的分布信息

调解员信息	观察样本	访谈样本
年龄	35 岁以上 3 人；35 岁以下 7 人	35 岁以上 9 人；35 岁以下 12 人
性别	男 5 人；女 5 人	男 11 人；女 10 人
调解经验	3 年以上 5 人；3 年以下 5 人	3 年以上 11 人；3 年以下 10 人
学历	本科及以下 7 人；硕士及以上 3 人	本科及以下 17 人；硕士及以上 4 人

---

① Grima F and Paillé P, "Mediation in professional relationships in France: tactics and outcomes", *Industrial Relations Journal*, Vol. 42, No. 5, 2011, pp. 428 – 452.

② Glaser B G and Strauss, A. L, *The discovery of grounded theory: Strategies for qualitative research*, Chicago: Aldine, 1967.

本研究的观察样本采用理论抽样的方式，一共观察 10 个调解员的 16 个调解案例的处理过程，这些调解员来自北京市的 5 个区县，观察每个调解员处理的 1—3 个个别劳动争议案件。研究者在北京市朝阳区劳动争议调解中心进行了为期一个月的田野调查，对朝阳区的 6 名调解员进行了深入的观察。此外，研究者还选取了北京市其他 4 个区县，各观察 1 名调解员。本研究的访谈的取样主要集中在北京市 6 个区县，每个区县的访谈对象一般在 2—5 人。为了了解不同类型调解员的调解策略，访谈对象包括了不同性别、不同年龄、不同受教育程度、不同调解经验的调解员，访谈时间 30—100 分钟。

（三）数据收集

观察法非常适合调解过程和策略的研究，因为研究者可以看到调解员实际是怎么做的，而不是调解员认为应该怎么做。[1] 持续的观察更容易监测调解员行为的偏差。[2] 在观察的样本中，研究者观察了所有案件的调解过程，平均每个案件的调解时间为 0.5—2.5 小时。在案件调解结束后，研究者能与调解员直接进行讨论，或通过电话进行后续的访谈。研究者被介绍为调解员的同事，进行调解业务学习，以减少当事人的防备心理。所有争议当事人都同意研究者旁听调解过程。每次观察的过程被记录，用于分析调解员使用的策略。

尽管观察法可以更客观地分析调解的过程和策略，但无法了解调解员使用某些具体策略考虑的因素。为了进一步分析调解策略的影响因素，本研究采用半结构化访谈法，首先对已观察的调解员进行追踪访谈，在确认使用调解策略的同时，调查使用具体策略的影响因素。其次，对未被观察的调解员，围绕调解员使用的策略，采用关键事件法[3]，关注受访者在具体情境中的行为。访谈时主要关

---

① Wall Jr J A and Kressel K, "Research on mediator style: A summary and some research suggestions", *Negotiation and Conflict Management Research*, Vol. 5, No. 4, 2012, pp. 403–421.

② Kolb D M, "Strategy and the Tactics of Mediation", *Human Relation*, Vol. 36, 1983, pp. 247–268.

③ Flanagan J C, "The critical incident technique", *Psychological bulletin*, Vol. 51, No. 4, 1954, p. 327.

注访谈对象的个人基本信息和中国情境下个别争议调解的策略及其影响因素。要求调解员描述最近处理的调解案件，包括案件的基本信息、处理过程中采用的调解策略及其考虑的因素和调解的最终结果，访谈提纲见表4-3。访谈时间范围从30—100分钟不等。在资料收集过程中，征求受访者的同意后进行记录分析。

表4-3　　　　　个别争议调解策略及其影响因素访谈提纲

访谈提问
1. 基本情况 请您描述您的个人和劳动争议调解中心的基本信息 a. 个人信息：性别、专业、学历、年龄、调解经验、身份 b. 劳动争议调解中心的基本信息：调解员数量、案件受理情况、与其他部门的合作情况等
2. 个别争议调解的策略及影响因素调查 请您回顾您最近处理的个别争议，包括案件的基本信息、处理过程中采用的方法和策略，采用这些策略考虑的因素以及最终的结果。

　　同时，通过多种途径获得二手数据。一是北京市劳动争议调解中心的劳动争议调解申请书、调解笔录、调解协议书等。二是工作资料，借助课题的便利收集北京市各个区县劳动争议调解中心的工作资料，包括工作规划、工作总结、调研报告等。将一手资料和二手资料结合起来，建立研究资料库，形成可供开放式编码的素材。

　　此外，本研究邀请了6名人力资源管理硕士研究生，分别对16份观察资料和21份访谈记录进行整理。首先，每名硕士研究生对4—6份观察和访谈的记录进行整理，然后按照统一的格式将记录转化为逐字稿。尽管所有来源的数据对于反复核查都是有帮助的，但是本研究的观察和访谈是主要的数据来源，档案数据是为了进一步验证结果，并提供背景支持。以观察调解员F处理的第一个案例和对调解员P的访谈为例，选取部分编码过程的例子，如表4-4和表4-5所示。

表4-4方框内的文字是观察案例的逐字稿内容（部分文字稿省略）。T代表调解员，Y代表员工。[　]中的文字是一级开放式编码的概念。表格上方的文字是该观察案例的基本信息，包括被观察者的编号、观察的时间、编码稿件编号等。F为调解员的编号，11代表总顺序的第11个观察案例，G代表观察案例，01代表观察F调解员的第一个案例。类似地，表4-5是访谈的逐字稿内容。I代表调查者，T代表调解员。G为调解员的编号，07代表第7个访谈记录。

表4-4 　　　　　　　　个别争议调解观察记录逐字稿部分示例

观察者编号：F11 日期：2015/1/6 文本编号：Text-G01

调解员与企业和劳动者联合调解

T：今天我们是庭外调解的程序，希望大家对调解有一个理解。这是一个心平气和谈的过程，谈的时候可能涉及一些让步问题。大家就先说一说，不见得每个人说话都那么严谨[界定调解原则]。这个案子本身，劳动者写的东西我也没太细看，你可以先看一眼。今天也是第一次叫你们过来。你的具体工作上面也没有写，你的工资是多少？[询问劳动者基本工作信息]

Y：这后面有我开的证明。

T：谁给你开的证明，单位开的？

Y：对，这是去年的年收入。

T：126105元？

Y：这个是不含五险一金的。

T：纯收入，对吗？

Y：对。

T：126105元。

Y：对。[询问劳动者基本工作信息]

……

T：是这样的，那现在核心的问题就是两个，第一是不是个人离职的，如果是个人离职的话，就不是法律来管的，如果是用人单位的原因导致你在一个单位工作，然后换到另一个工作，那这样工作年限应该连续计算。一个就是你辞职的问题，另一个就是单位现在在招聘的时候有你的离职证明。[确定双方的争议焦点]

……

T：我现在就分别和你们双方单独聊聊好吗？[控制程序，背靠背调解]

表 4－5 个别争议调解访谈记录逐字稿编码部分样例

受访者编号：G 日期：2015/7/22 文本编号：Text－I07

I：请您回顾您最近处理的个别争议，包括案件的基本信息、处理过程中采用的方法和策略。

T：我遇到一个企业和劳动者没有签合同的案例。我们首先告诉法律是怎么规定的，你没签合同，就是规定从第二个月开始一年要支付两倍的工资，构成违法解除也是一年要支付两个月的经济赔偿金，把法律的规定告诉当事人［解释法律规定］。首先的前提是事实没有争议，告诉单位以后，就说你要承担这个后果［分析诉讼弊端］。然后，再做劳动者的工作，跟劳动者我们会说单位有些抗辩的理由，比如说没有签合同，不是我不跟他签，而是他老是出差在外面，我们也会问劳动者，劳动者也说我是出差，后来也没找我什么的［了解双方的态度］。

肯定有可调的因素在里面，那么我们就会做劳动者的工作，跟他说本身没有签合同的规定是对企业的处罚，不是对你的劳动报酬，法律只是把赔偿的金额给你，不是报酬，你能不能就这点调解，一般来讲能调到百分之五十［解释法律规定］。因为一开始就说了，调解的原则是什么，双方要对自己的利益做出让步。一般这样就调解成功了［解释调解的原则］。像违法解除的那块，一般企业不会无缘无故解除员工，这个员工肯定有点瑕疵，或者是迟到，或者干活达不到标准，单位总会有些理由，但是从法律层面讲，单位的理由不是严格按照法律程序，不合法的［分析劳动者和企业的合法性］。如职工违纪，他要发出一次警告，两次警告，要发解除通知，最后再解除告知。有些程序肯定没走，到了仲裁和法院肯定认定违法解除，就是双倍［预测仲裁和诉讼的结果］……

二 范畴提炼与模型构建

本研究对文本资料的分析严格按照扎根理论三级编码的要求，邀请一名人力资源管理博士研究生、一名人力资源管理硕士研究生与作者共同编码。如果出现编码结果不一致，三名编码者共同讨论，达成一致。本书使用质性分析软件 Nvivo11.0 完成对所有文本资料的编码分析过程，与传统的纸笔方式相比，能提高编码的效率，并能方便地进行编码一致性分析。

（一）开放性编码

开放性编码一般包括三个步骤：首先将文本资料逐段、逐句或逐字标注标签，然后将标签提炼为概念，通过持续比较的方法，将有相同意义、具有关联的标签归纳在一起，最后再比较概念与概念之间的关系，将概念范畴化。本书最终得到了 65 个概念和 23 个范畴，部分示例如表 4 - 6 所示，详见附录 1。

表 4 - 6 　　　　基于质性分析软件 Nvivo11.0 的个别
争议调解开放性编码示例

范畴	概念	资料来源	参考点	典型语句举例
争议的特点	诉求内容	5	10	"法律要求的基本的工资、保险、年休假的问题，还是都容易得到法律支持，和企业方分析诉讼的利弊之后，双方容易达成和解。" "对于经济赔偿金、双倍工资等又惩罚性的诉求，和劳动者讲道理，这不是工作应得的收入，理解企业的难处。"
	诉求合法性	2	2	"一些员工在发生劳动争议后，不管有没有道理，把所有的诉求都写上去，而且有些是没有法律依据的漫天要价。需要逐条判断劳动者诉求的合法性和合理性，降低员工不合理的期望。"
	冲突程度	2	3	"如果双方过去关系紧张，调解时只能就事论事，分析问题，双方分别提出方案，看差距大不大；如果双方过去关系较好，可以强调让双方相互理解，共同作出让步。"
......	......	......	......	......
共 23 个范畴	65 个概念	对原始资料进行编码		

（二）主轴编码

主轴编码是建立范畴之间关系的过程。范畴之间可能存在因果关系、结构关系、时间关系、过程关系等。典范模式是主轴编码常用的方式，一般使用"条件—现象—脉络—中介条件—行动策略—结果"来得到主范畴。本研究通过典范模式，进行主轴编码，得到了四个主范畴（如表 4－7 所示），分别是调解情境、调解员综合评估、调解员特质、调解策略。

表 4－7　　　　　　个别争议调解基于典范模式的主范畴

主范畴	副范畴	开放性范畴
调解情境	争议的特点	诉求内容、诉求合法性、冲突程度
	企业的特点	企业性质
	劳动者的特点	劳动者性别、年龄
调解员特质	身份	仲裁调解员、非仲裁调解员
	性别	男女
评估过程	和解的难度	和解难度大小
	调解员的目标导向	关系导向、结果导向
调解策略	程序策略	控制程序
		收集劳动者信息、收集企业信息、了解过去的矛盾
		分析争议、核实事实证据
		掌握双方底线、传递信息
	情理策略	语言表达通俗易懂
		表达对争议双方的理解
		劝说双方换位思考、维护面子
	评估策略	解释法律规定
		解释法律执行情况
		预测结果
		评估利弊
	教育策略	教育企业、教育劳动者
		批评企业、批评劳动者
	施压策略	威胁退出调解
		对劳动者和企业施加压力

（三）选择性编码的过程和结果

选择性编码的过程比主轴编码更抽象，主要是确定核心范畴和其他范畴之间的关系，形成"故事线"来描绘行为现象和脉络条件，进而发展成一个新的理论框架。本研究确定的核心范畴是"个别争议调解策略"，它由调解情境、调解员特质、评估过程和调解策略选择四个主范畴组成。主范畴的典型关系结构（故事线）见表4－8。具体而言，调解情境（包括争议的特点和争议双方的特点）影响调解策略的选择，调解情境通过影响调解员对和解难度和目标导向的综合评估，进而影响调解策略选择。同时，调解员的特质会影响其综合评估后的策略选择。

表4－8　　　　　　　　　　　主范畴的典型关系结构

典型关系结构	关系结构的内涵
调解情境—调解策略选择	争议双方的特征和争议的特征影响调解策略的选择
调解情境—评估过程—调解策略选择	调解员依据客观调解情境，进行调解难度和目标导向的综合评估，进而选择相应的调解策略
调解情境—调解员特质—评估过程—策略选择	调解员的特质会影响其综合评估后的策略选择

基于此，本研究最终构建了个别争议调解的策略选择影响因素模型，如图4－1所示。

（四）信度和效度分析

本研究采用以下方法提高研究的信度：一是采用调查问卷、访谈、档案、工作报告等多种渠道收集数据，形成数据的三角验证；二是由三名编码人员独立对16份观察和21份访谈的文本资料进行编码，对编码出现不一致的进行讨论，最终编码的一致性达到95.2%；三是邀请人力资源管理和劳动关系研究领域的专家参与选择性编码过程，主要充当质疑者的角色。在最后的编码阶段，我们没有改变范畴但是增加了一些范畴，我们也重新命名了一些范畴以与出现的理论匹配，并明确范畴之间的关系。

研究过程中涉及的持续比较方法包括对数据内部效度的检验（Kirk & Miller，1986）。随着数据被收集和编码，研究者发展了概念范

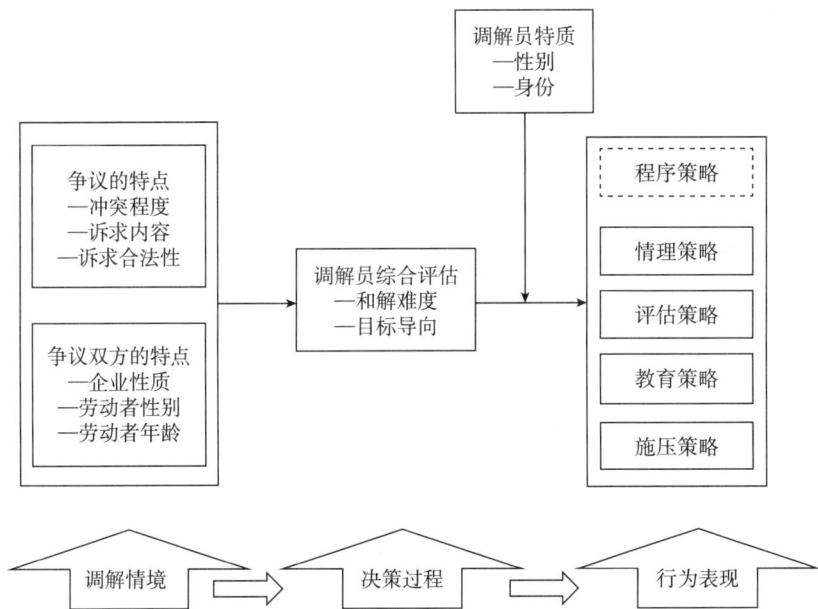

图 4 – 1 个别争议调解的策略选择影响因素模型

畴和这些范畴出现的假设。某些重要事实的问题也是理解和解释数据的重要途径。研究者可以收集来自其他被调查者或其他来源的数据检验这些概念范畴、事实和假设的边界条件。随着研究的推进和新数据的收集，这些数据被不断地用来与之前数据产生的分类和假设进行对比。当新数据产生了新的或者不一致的信息时，概念范畴和新出现的理论需要将这些因素考虑进去进行修正。这个过程被不断地重复，直至达到了理论饱和：没有新的范畴出现，没有与现有的范畴和假设不一致的新信息出现。因此，持续比较方法涉及多次检验假设以并入最终的"理论"。已有研究指出，样本数量为 20—30 个时可以达到理论饱和状态。

本研究收集了 16 个观察样本，21 个访谈样本。当编码者分析到第 13 个观察样本和第 18 个访谈样本时，概念和范畴基本出现饱和，到第 16 个观察样本和第 21 个访谈样本时，很少出现新概念和范畴。因而，本研究能够达到理论饱和的效度。其次，本研究只保留了那些在不同被调查者和来源的数据一致的结果。为了进一步验证我们的观点和解释的准确性，我们将本研究的结果发送给被调查的调解员进行核查确认，根据这些调解员的建议对结果进行了微调。

三 模型阐释

（一）个别劳动争议调解的策略

通过扎根理论发现，我国个别争议调解策略由"五种类型，十六种调解技术"构成（如表4-9所示）。五种个别争议调解策略分别是程序策略、情理策略、评估策略、教育策略、施压策略。首先，程序策略是指根据调解的基本程序要求实施的策略，旨在让争议双方了解调解程序的特点并了解争议的基本情况，具体调解技术包括了解双方发生争议之前的冲突情况、确定争议的焦点及问题的优先顺序、收集双方的基本信息并询问证据材料、询问争议的事实和原因。这种策略的特点是不管在何种类型的案件中都会采用，属于调解的非权变策略。

表4-9 个别争议调解策略的内涵和具体技术

个别争议调解策略	内涵	特征	具体调解技术
程序策略	根据调解基本程序要求实施的策略	非权变策略	了解双方发生争议之前的冲突情况；确定争议的焦点及问题的优先顺序；收集双方的基本信息并询问证据材料；询问争议的事实和原因
情理策略	强调控制双方情绪，以理服人的策略	权变策略	用当事人熟悉的语言表达；建议双方站在对方的立场换位思考；劝说双方考虑对方的面子做出让步；劝说双方考虑调解员的面子做出让步
评估策略	依据法律法规对案件进行客观评估的策略	权变策略	劝说一方或双方改变不合理的期望；比较调解与仲裁的可能结果；建议双方权衡利弊

续表

个别争议 调解策略	内涵	特征	具体调解技术
教育策略	对争议双方进行批评教育，以改变双方立场的策略	权变策略	批评企业的强硬态度或违法行为；批评劳动者的不合法诉求和不合理期望；提醒企业和劳动者长远考虑问题
施压策略	对争议双方施加一定的压力，以促使双方做出让步而采取的策略	权变策略	针对劳动者的证据漏洞和不合法诉求促使劳动者让步；针对企业的证据漏洞和违法行为向企业施压

与其相比，情理策略、评估策略、教育策略和施压策略都是调解员根据具体情境选择的策略，属于调解的权变策略。情理策略是指不强调法律，而强调注重控制双方的情绪，以理服人，具体的技术包括用当事人熟悉的语言表达、建议双方站在对方的立场换位思考、劝说双方考虑对方的面子做出让步、劝说双方考虑调解员的面子做出让步。评估策略是指依据法律法规对案件进行客观地评估，帮助双方寻找合理的方案，以促使双方达成和解，具体的技术包括劝说一方或双方改变不合理的期望、比较调解与仲裁的可能结果、建议双方权衡利弊。教育策略是指对争议双方进行批评教育，以改变双方的立场，具体技术包括批评企业的强硬态度或违法行为、批评劳动者的不合法诉求和不合理期望、提醒企业和劳动者长远考虑问题。施压策略是指对争议双方施加一定的压力，以促使双方做出让步，达成和解，具体的技术包括针对劳动者的证据漏洞和不合法诉求促使劳动者让步、针对企业的证据漏洞和违法行为向企业施压。

（二）个别争议调解策略选择的影响因素及其内在机制

1. 调解情境的影响

由图 4 - 1 可知，调解情境影响调解策略的选择，调解的情境包含争议的特点和争议双方的特点。争议的特点主要包括冲突程度、诉求内容、诉求合法性；争议双方的特点包括企业性质、劳动者的性别和年龄。

首先，当调解员开始处理个别争议时，会对争议的特点做出判断。具体而言，当冲突程度较强时，为了实现和解，调解员会采用控制程度较高的施压策略，向一方或双方施加压力；当诉求为基本工资、社会保险等基本诉求，由于法律规定和执行相对严格，双方较容易对诉求内容达成共识，此时调解员更可能采用评估策略，建议双方考虑调解的优势和诉讼的弊端；当劳动者的诉求为法律未规定的利益诉求时，由于无法直接进行评估，调解员采用情理策略，劝说双方换位思考，做出让步；当劳动者的合法性较低时，调解员会对劳动者进行批评教育，促使劳动者放弃过高期望，提出合理的诉求，从而实现和解。

其次，争议双方的特点也会影响调解员的策略选择。不同性质的企业对调解有不同的认知和期望。国有企业的违法行为相对较少，更重视企业的形象和声誉，希望通过调解柔性处理冲突，调解员更可能采用关系导向的调解策略，如采用情理策略劝说双方换位思考，维护各自的面子，或采用教育策略，批评双方存在过错的地方，并提醒其考虑未来的长远利益；民营企业发生劳动争议的频率较高，更重视经济利益，调解员更可能采用结果导向的调解策略，如使用评估策略，通过预测调解和仲裁结果，评估仲裁的利弊，劝说其接受调解，或针对其违法行为和证据漏洞进行施压，促使其让步；外资企业对中国的调解认知程度不深，更认可仲裁、诉讼的结果，因此调解员需要通过评估策略，解释调解和仲裁程序，分析各自的利弊，评估企业可能面临的风险来进行调解。

再次，劳动者的特征可以预测劳动者的部分行为，影响调解员的策略和行为。具体而言，当劳动者为女性时，调解员运用女性重视情绪体验的心理，更可能采用情理策略；相反，当劳动者是男性时，由于男性相对更加理性，调解员更可能采用评估策略。当劳动者年龄较大时，更关注自身的面子形象维护，调解员会减少施压策略的使用频率；相反，当劳动者年龄较小时，调解员更可能利用年龄优势，采用教育策略，说服劳动者接受调解。

最后，无论处于怎样的调解情境，调解员在处理案件时，都会采用一定的程序策略，如了解双方发生争议之前的冲突情况、确定争议的焦点及问题的优先顺序、收集双方的基本信息并询问证据材料、询问争议的事实和原因等，因此程序策略是调解员的非权变策略，其他四种策略则是调解员的权变策略。

2. 调解员综合评估的决策过程

虽然调解的情境对于策略选择具有直接的驱动作用，但调解员的策略选择是调解员基于客观事实的决策过程，最终做出的策略选择是基于调解员对调解情境的综合评估。由图 4-1 可知，首先，调解的情境会影响调解员对于和解难度的判断和目标导向的选择。例如，当双方的冲突程度高、诉求的合法性低、诉求内容为待定的权利时，双方和解的难度较大，调解员更可能以实现快速和解的结果为导向。当双方的冲突程度低、诉求的合法性高、诉求内容为基本的权利诉求时，双方的和解难度降低，调解员更重视调解的过程，帮助劳资双方修复关系。对于国有企业的劳动争议，由于企业违法的可能性相对较低，和解难度相对较小，调解员重视调解的过程，促进劳动关系的长期和谐稳定；对于民营企业和外资企业的劳动争议，和解难度相对较大，调解员更可能以结果为导向，促使双方快速解决争议。

其次，基于对和解难度的判断和目标导向的偏好，调解员会采取相对应的调解策略（如图 4-2 所示）。具体而言，有如下四种情形：（1）当双方和解难度大，且调解员重视双方关系时，调解员会采用教育策略，批评双方行为的不合理之处，并劝说双方考虑长期的发展；（2）当双方和解难度大，但调解员更重视短期和解时，会采用施压策略，针对双方存在的漏洞对双方施加压力，甚至威胁退出调解；（3）当双方和解难度小，且调解员关注双方关系时，会采用情理策略，劝说双方考虑对方的立场，维护长期的劳动关系；（4）当调解员认为双方和解难度小，且希望双方尽快和解时，会采用评估策略，帮助双方分析调解的利弊，促使双方达成和解。综上所述，调解的情境会通过影响调解员对和解难度和目标导向的综合评估，进而影响策略选择。

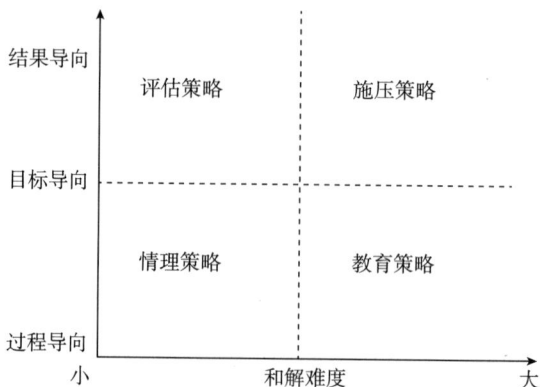

图 4 - 2　基于调解员综合评估的调解策略选择

3. 调解员特质的影响

如图 4 - 1 所示，调解员的特质会影响调解员在综合评估后的策略选择，即使面临同样的情境，不同性别和身份的调解员具有不同的偏好。首先，调解员的身份影响其专业性和行为习惯。例如，与劳动争议调解组织的调解员相比，仲裁调解员专业性和权威性更强，使其更可能使用评估策略和施压策略。由于劳动仲裁机构受理了大量的劳动争议案件，仲裁调解员的经验更丰富，专业素质和知识技能水平更高，对案件可能的调解、仲裁和诉讼结果有更专业的判断，进而促使其使用评估策略，分析调解和仲裁的利弊。又如，与仲裁调解员相比，劳动争议调解组织的调解员专业性和权威性较弱，经常使用教育、疏导、安抚等方式，因而更可能采用安抚双方情绪、劝说劳资双方相互理解的情理策略或批评双方态度和立场的教育策略。其次，调解员的性别影响其综合评估后的调解策略偏好。一般而言，女性调解员的亲和力较强，善于安抚情绪，用具有亲和力的语言让双方减少对调解的抗拒心理。在面临同样的情境时，女性调解员采用情理策略和教育策略的可能性更高，而男性调解员擅长以理性的方式分析评估双方的诉求，更倾向于采用评估和施压策略。

第二节　个别争议调解策略类型的实证研究

通过扎根理论的三级编码过程，本研究获得了我国个别争议调解的策略类型和策略选择的影响因素。本部分将进一步验证我国个别争议调解策略的分类，以开发适合我国情境的个别争议调解策略测量工具。

一　问卷开发与调查取样

国外根据调解策略分类的差异，有不同的测量量表，以 Kressel 对调解策略的分类量表为典型。[①] 基于中国的劳动争议调解策略研究较少，调解策略的测量工具更是鲜有。为了探索中国个别争议调解策略的类型，本书经过扎根理论形成的高频次项目编制了初始问卷，并进行了预调研。

在问卷编制阶段，本研究邀请了一名博士研究生和一名人力资源管理专业教师对问卷的初始条目进行语义和内容效度审查。语义主要针对题目的表达方式，修正存在歧义和表达含糊的题项。内容效度主要关注问卷的题项是否能准确地反映测量的目的，删掉重复和关联性低的题项。

为了分别进行探索性因子分析和验证性因子分析，本研究先后进行了两次调查。第一组样本由 104 名调解员填写的有效问卷构成（包括工会调解员、律师调解员和仲裁调解员）。研究一共发放 130 份问卷，回收 115 份，回收率为 88.5%，剔除无效问卷 11 份，有效问卷 104 份，有效回收率为 90.4%。该部分问卷用于个别争议调解类型的探索性因素分析。从被调查人员的人口统计学信息看，女性占 59.6%，年龄 26—35 岁的占 64%，本科学历占 61.5%，硕士及以上学历占 26.9%，法律专业背景的调解员占 65.4%。第二组样本由 110 名调解员填写的有效问卷构成。共发放问卷 160 份，回收问卷 132

---

① Kressel K, *Labor Mediation*：*An Exploratory Survey*，Alban. NY：Assoc. Labor Mediation Agencies，1972.

份,回收率为82.5%,剔除无效问卷22份,有效问卷为110份,有效回收率为83.3%。该部分数据用于个别争议调解策略类型的验证性因素分析。从被调查者的人口统计学信息看,女性占60%,年龄26—35岁的占59.3%,本科学历占70.9%,硕士及以上学历占21.8%,法律专业背景的调解员占77.5%。

二 个别争议调解策略类型的实证检验

(一)探索性因素分析

本研究通过样本一的数据对个别争议调解策略类型进行探索性因素分析,我们将载荷量小于0.3的题目剔除,然后再进行探索性因素分析,最后剩余16个题目。每种调解技术的使用频率如表4—10所示。

表4—10　　　　　　　个别争议调解策略使用的总体平均值

调解技术	使用频率
1. 询问争议的事实和原因	4.45
2. 收集双方的基本信息并询问证据材料	4.30
3. 比较调解与仲裁的可能结果	4.33
4. 确定争议的焦点及问题的优先顺序	4.26
5. 建议双方权衡利弊	4.19
6. 劝说一方或双方改变不合理的期望	4.18
7. 了解双方发生争议之前的冲突情况	4.12
8. 提醒劳动者长远地考虑问题	4.13
9. 批评劳动者的不合法诉求或不合理期望	3.91
10. 批评企业的强硬态度或违法行为	3.81
11. 建议双方站在对方的立场换位思考	3.99
12. 用当事人熟悉的语言表达	4.05
13. 针对企业漏洞向企业施压	3.30
14. 针对劳动者漏洞促使劳动者让步	3.37
15. 劝说双方考虑调解员的面子做出让步	2.86
16. 劝说双方考虑对方的面子做出让步	2.80

探索性因素分析最终形成五个因子,共解释变异量72.65%。如表4—11所示分别为程序策略、情理策略、施压策略、评估策略、教育策略。

表 4 – 11   个别争议调解策略探索性因素分析结果

策略类型	a 系数	调解技术	因素 1	因素 2	因素 3	因素 4	因素 5
程序策略	0.755	了解双方发生争议之前的冲突情况	0.861				
		确定争议的焦点及问题的优先顺序	0.664				
		收集双方的基本信息并询问证据材料	0.642				
		询问争议的事实和原因	0.545				
情理策略	0.758	劝说双方考虑对方的面子做出让步		0.848			
		劝说双方考虑调解员的面子做出让步		0.824			
		建议双方站在对方的立场换位思考		0.684			
		用当事人熟悉的语言表达		0.628			
施压策略	0.898	针对劳动者漏洞促使劳动者让步			0.889		
		针对企业漏洞向企业施压			0.864		
评估策略	0.795	建议双方权衡利弊				0.840	
		劝说双方改变不合理期望				0.738	
		比较调解与仲裁可能结果				0.713	
教育策略	0.743	批评企业的态度或违法行为					0.802
		批评劳动者的不合法诉求和不合理期望					0.800
		提醒企业和劳动者长远考虑问题					0.682

（二）验证性因素分析

本书采用第二套样本对我国个别争议调解策略的类型进行验证性因素分析。结果表明，探索性因素分析初始的五维度模型的拟合指标中的 *NFI* 较低。查看 MI 指数后发现，程序策略中的测量条目存在一定的相关性，评估策略中的两个测量条目也存在一定的相关性。通过修正 MI 指数，模型的拟合度得到了很大的提升。各因素和测量指标之间的路径系数较高，表明因素具有代表性，各个因素之间的路径系数存在中等偏下程度的相关性，说明各个因素之间既有区别，也存在一定的联系。由表 4 − 12 可知，从拟合指数看，仅 *NFI* 稍低，为 0.861，*IFI*、*TLI* 分别为 0.983 和 0.976，均大于 0.9，*RESEA* 为 0.033，小于 0.08，达到显著标准。因此，本书基于扎根理论构建的个别争议调解的五种策略得到验证。

表 4 − 12　　　个别争议调解策略结构方程模型验证性因子分析

模型	χ^2	df	p	χ^2/df	NFI	IFI	TLI	$RMSEA$
	86.068	77	0.224	1.118	0.861	0.983	0.976	0.033

三　个别争议调解策略的分类

综合探索性因素分析和验证性因素分析的结果，本研究发现我国个别争议调解策略由"五种类型，十六种调解技术"构成。五种个别争议调解策略类型分别是程序策略、情理策略、评估策略、教育策略、施压策略。其中，程序策略是指根据调解的基本程序要求实施的策略，旨在让争议双方了解调解程序的特点并了解争议的基本情况，具体调解技术包括了解双方发生争议之前的冲突情况、确定争议的焦点及问题的优先顺序、收集双方的基本信息并询问证据材料、询问争议的事实和原因。程序策略是调解员不管在调解何种类型的案件中都会采用的技术和方法，是法律规定必须遵守的程序规则，因而属于调解的非权变策略。

与其相比，情理策略、评估策略、教育策略和施压策略是调解员根据具体情境选择的策略，属于调解的权变策略。情理策略是指不强调法律，而强调注重疏导双方的情绪，以理服人，具体的技术包括用当事人熟悉的语言表达、建议双方站在对方的立场换位思考、劝说双方考虑对方的面子做出让步、劝说双方考虑调解员的面子做出让步；评估策略是指依据法律法规对案件进行客观地评估，帮助双方寻找合理的方案，以促使双方达成和解，具体的技术包括劝说一方或双方改变不合理的期望、比较调解与仲裁的可能结果、建议双方权衡利弊；教育策略是指对争议双方进行批评教育，以改变双方的立场，具体的技术包括批评企业的强硬态度或违法行为、批评劳动者的不合法诉求和不合理期望、提醒企业和劳动者长远考虑问题；施压策略是指对争议双方施加一定的压力，以促使双方做出让步，达成和解，具体的技术包括针对劳动者的证据漏洞和不合法诉求促使劳动者让步、针对企业的证据漏洞和违法行为向企业施压。

第三节　研究小结与讨论

本章通过扎根理论发现中国个别争议调解策略包括程序策略、评估策略、教育策略、情理策略和施压策略，其中程序策略是非权变策略，其他四种策略是权变策略。同时，构建了个别争议调解策略的影响因素模型，即调解情境包括争议的特点、争议双方的特点会影响调解员的策略选择，调解情境通过影响调解员的综合评估，进而影响调解员的策略选择。调解员的个人特质影响调解员综合评估后的策略选择。在此基础上，通过问卷调查实证检验了个别争议调解策略的分类。

首先，对个别争议调解策略类型的扎根研究，能弥补中国文化情境下劳动争议调解策略研究的不足；对于个别争议调解策略量表的开发，能为后续调解策略的影响因素和效果评估奠定实证研究的基础。具体而言，我国与国外个别争议调解策略既有相似之处，也有一定的差异。如程序策略与 Kochan 和 Jick 提出的非权变策略类似，都关注了解争议的问题和实现和解的潜在障碍。[1] 情理策略和教育策略可以归为 Bartunek 等提出的过程策略，评估策略和施压策略可以归为内容策略。[2] 但具体策略使用的技术和不同策略使用的频率上存在差异，

---

[1]　Kochan T A and Jick T, "The public sector mediation process: A theory and empirical examination", *Journal of Conflict Resolution*, Vol. 22, No. 2, 1978, pp. 209 – 240.

[2]　Bartunek J M, Benton A A and Keys C B, "Third party intervention and the bargaining behavior of group representatives", *Journal of Conflict Resolution*, Vol. 19, 1975, pp. 532 – 557.

可以反映出我国文化对调解策略的影响。如调解员的情理策略反映出中国的"高权力距离"和"关系导向",调解员建议双方考虑自己的面子或维护双方各自的面子而做出让步。而在国外调解策略中提供维护颜面的机制,主要是帮助争议双方维护颜面,较少涉及调解员运用自己的权力,要求双方考虑调解员的颜面来做出让步。此外,尽管都存在教育策略,但我国的调解员较少教导当事人解决争议的技术,而是对争议双方进行批评,通过教育策略来改变双方的期望值,而在西方国家最积极的调解员也很少直接批评教育当事人。

其次,调解策略选择影响因素的研究,回应了 Wall 和 Dunne 对于应该研究在什么情况下选择具体的调解策略的倡议。① 如我们发现,争议双方的冲突程度越高,调解员选择施压策略的可能性越高,这与 Lim 和 Carnevale 的发现一致。② 同时,本研究发现了一些中国情境下特殊的影响因素,如企业性质对调解策略的影响。相对于私营企业而言,当调解员处理国有企业的争议时,选择评估策略的可能性更低。这是由于不同类型企业的文化和对调解的认知差异,国有企业重视企业形象声誉和人际关系,使用评估策略并不一定是合适的策略,而民营企业更重视企业的利益,根据法律规定预测可能的调解结果,并分析仲裁的利弊,更能说服企业达成和解。

最后,对于调解策略选择影响机制的研究将调解的客观情境和调解员的主观评估结合起来,分析调解员如何根据调解情境进行综合评估,进而选择调解策略,能弥补过去研究或者重视调解客观情境的影响,或者重视调解员主观评估的影响的不足。

---

① Wall Jr J A and Dunne T C, "Mediation research: A current review", *Negotiation Journal*, Vol. 28, No. 2, 2012, pp. 217 – 244.

② Lim R G and Carnevale P J, "Contingencies in the mediation of disputes", *Journal of Personality and Social Psychology*, Vol. 58, No. 2, 1990, pp. 259 – 272.

第五章　个别争议调解策略的效果评估

本书的第四章通过扎根理论发现我国个别争议调解的策略并进行了实证检验。我们发现调解员在处理个别争议时，倾向于使用施压策略、教育策略、评估策略、情理策略。我们了解了调解员使用了什么策略来处理争议，然而，并没有分析哪种调解策略最有效，比如有更高的和解率、争议双方更满意等。回顾已有的调解文献，我们发现对于调解策略的研究较多，但对于不同调解策略有效性比较的研究较少，而且大多是对于调解员应该如何去做的描述，缺少实证研究。因此，本章旨在评估在个别争议调解过程中使用每种调解策略的效果，并进行比较。

第一节　研究假设

有学者提出将调解的结果分为短期结果和长期结果。[①] 几乎所有关于劳动争议调解结果的研究都关注了短期的结果，只有很少的研究检验了六个月或更长时间之后的长期结果。Pruitt 等提出短期调解成功可以用双方是否达成协议、双方认为调解结果满足目标的程度、双方调解结束后的即时满意度来衡量。长期调解成功可以用协议的履行、双方改善关系、没有出现新的问题来衡量。他们通过对实际调解过程的观察、编码后进行分析，发现调解的短期成功、协议的质量都

---

① Beardsley K, Quinn D M, Biswas B, et al., "Mediation style and crisis outcomes", *Journal of Conflict Resolution*, Vol. 50, No. 1, 2006, pp. 58 – 86.

不能预测长期成功，在长期中那些争议者实现的目标并没有比那些没有实现的目标更有效。① 类似地，Beardsley 也发现了这两种调解结果的不一致。② Bollen 和 Euwema 将短期结果分为三类，分别是当事人的信念和态度（如对调解各个方面、协议履行的满意度），冲突是否被解决（如达成协议、问题解决、分配公平、关系改善），调解机构的情境（如调解机构的效率、效果、相对成本）。③ 长期结果关注当事人关系的改善、协议的履行、恢复性正义等。

另一些学者认为调解可以给争议者、调解员和受到争议影响的第三方带来有价值的结果。④⑤ 对于争议者而言，最主要的调解结果是达成和解，如一些研究发现调解的和解率很高，平均在 80% 左右。⑥ 争议者的其他结果是高满意度⑦、低成本⑧和能达成持续的协议⑨。争议者也意识到调解在程序上和报偿上是公平的。⑩ 除了这些好处，争议者发现这个过程给了他们情绪宣泄的机会，并且促进了他们和对手的关系改善。重要的是，争议者总是把调解视作是公平的，并且调解

① Pruitt D G, Peirce R S, McGillicuddy N B, et al., "Long–term success in mediation", *Law and Human Behavior*, Vol. 17, No. 3, 1993, p. 313.

② Beardsley K, "Agreement without peace? International mediation and time inconsistency problems", *American Journal of Political Science*, Vol. 52, No. 4, 2008, pp. 723–740.

③ Bollen K and Euwema M, "Workplace mediation: An underdeveloped research area", *Negotiation Journal*, Vol. 29, No. 3, 2013. pp. 329–353.

④ Wall Jr J A and Dunne T C, "Mediation research: A current review", *Negotiation Journal*, Vol. 28, No. 2, 2012, pp. 217–244.

⑤ Wall Jr J A, Dunne T C and Chan‐Serafin S, "The effects of neutral, evaluative, and pressing mediator strategies", *Conflict Resolution Quarterly*, Vol. 29, No. 2, 2011, pp. 127–150.

⑥ Hedeen T, "The evolution and evaluation of community mediation: Limited research suggests unlimited progress", *Conflict Resolution Quarterly*, Vol. 22, No. 1, 2004, pp. 101–133.

⑦ Patterson R W, "Resolving civilian–police complaints in New York City: Reflections on mediation in the real world", *Ohio St. J. on Disp. Resol*, Vol. 22, No. 1, 2006, pp. 189–215.

⑧ Kloppenberg L A, "Implementation of court–annexed environmental mediation: The District of Oregon pilot project", *Ohio St. J. Disp. Resol*, Vol. 17, 2001, pp. 559–596.

⑨ Landsman M, Thompson K, and Barber G, "Using mediation to achieve permanency for children and families", *Families in Society: The Journal of Contemporary Social Services*, Vol. 84, No. 2, 2003, pp. 229–239.

⑩ Hodak K M, "Court sanctioned mediation in cases of acquaintance rape: A beneficial alternative to traditional prosecution", *Ohio State Journal on Dispute Resolution*, Vol. 19, No. 3, 2004, pp. 1089–1118.

给当事人提供了对过程的控制和更高的解决问题的动力。[1] 因为上述好处，调解的协议往往比法院判决更彻底地执行。

我们的研究既关注调解的短期效果，如双方是否达成和解、争议是否解决、问题的数量减少等，也考虑调解的长期效果，如双方学会了沟通、提升了劳动者的法律意识、促进了企业内部管理的完善，还关注调解的满意度，如争议双方的满意度、调解员的需求和目标得到满足等。因此，我们采用 Lim 和 Carnevale 提出的调解效果的评估方式，将从调解的短期效果、长期效果和满意度三个方面来评估调解的效果。

当我们认为调解可以产生多种结果，调解员可以使用多种策略去实现它时，就出现了一个问题：哪种策略是最有效的？然而，现有的文献并没有很好地回答这个问题，使人们认为所有的调解策略都是同样有效的。已有部分文献提出了一些关于最优策略的猜想，但是关于具体策略效果的实证研究仍然较少。Goldberg 和 Shaw 通过争议者的自我报告，发现那些建立争议者关系的策略似乎会更多地产生和解。[2] 这个结果与早期的发现一致[3]，他们发现当调解员尝试改善双方的关系而不是快速推动双方和解时，调解的效果更好。相反，McEwen 和 Wissler 同样依靠自我报告的数据，发现如果调解员推荐一个特定的方案或者评估每个争议者的利弊，民事案件更可能和解。[4] 她的报告结果与一些认为积极的行动会产生更好的结果的研究吻合。[5] 例如，Ka-

---

① Chen H, "The mediation approach: Representing clients with mental illness in civil commitment proceedings", *Georgetown Journal of Legal Ethics*, Vol. 19, No. 3, 2006, pp. 599 – 612.

② Goldberg S B and Shaw M L, "Further investigation into the secrets of successful and unsuccessful mediators", *Alternatives to the High Cost of Litigation*, Vol. 26, No. 8, 2008, pp. 149 – 160.

③ Kressel K, Frontera E A, Forlenza S, et al., "The Settlement - Orientation vs. the Problem - Solving Style in Custody Mediation", *Journal of Social Issues*, Vol. 50, No. 1, 1994, pp. 67 – 84.

④ McEwen C A and Wissler R L, "Finding out if it is true: comparing mediation and negotiation through research", *J. Disp. Resol.*, 2002, p. 131.

⑤ Henderson D A, "Mediation success: An empirical analysis", *Ohio St. J. on Disp. Resol*, Vol. 11, 1996, p. 105.

rim 和 Pegnetter 发现调解员通过表达对争议双方在谈判进程中的不满的施压策略与和解是相关的。① 此外，还有一些研究发现调解策略并没有效果。例如 Mareschal 指出调解员的行为与和解不相关②，与 Peeples 等的发现类似。③ 鉴于调解策略和效果关系研究复杂的结果，我们基于对调解员的问卷调查，实证检验调解策略的效果。

一 个别争议调解的情理策略

个别争议调解的情理策略是指调解员劝说双方考虑对方的面子、调解员的面子和维护自己的面子通过调解解决争议。这一策略与 Lim 和 Carnevale 提出的实质性维护颜面有类似之处。Lim 和 Carnevale 发现实质性维护颜面的策略与短期和解、长期的改善双方关系和调解的满意度都是正相关的。④ Kressel 和 Pruitt 发现通过建立争议双方对调解员的信任和对调解过程的信心，能改善争议双方对调解的接受程度，在这种情况下，信任会促使双方和解。⑤ 情理策略侧重于满足双方的心理需求，用当事人熟悉的语言与其进行沟通，能拉近调解员与争议双方的心理距离，获得争议双方对调解员的信任。同时，使争议者从关注具体的诉求，转移到关注自身的心理需求和双方关系的长期发展，因而双方容易达成和解，并能够改善双方紧张的关系。一旦达成和解，调解员能感受到双方对其的信任，实现调解和解的目标，也能提高争议双方对调解结果的满意度。据此，我们提出以下假设：

假设 1a：情理策略与个别争议调解的短期效果正相关；

假设 1b：情理策略与个别争议调解的长期效果正相关；

---

① Karim A and Pegnetter R, "Mediator strategies and qualities and mediation effectiveness", *Industrial Relations: A Journal of Economy and Society*, Vol. 22, No. 1, 1983, pp. 105 – 114.

② Mareschal P M, "What makes mediation work? Mediators' perspectives on resolving disputes", *Industrial Relations: A Journal of Economy and Society*, Vol. 44, No. 3, 2005, pp. 509 – 517.

③ Peeples R, Harris C and Metzloff T, "Following the script: an empirical analysis of court – ordered mediation of medical malpractice cases", *J. Disp. Resol.*, 2007, p. 101.

④ Lim R G and Carnevale P J, "Contingencies in the mediation of disputes", *Journal of Personality and Social Psychology*, Vol. 58, No. 2, 1990, pp. 259 – 272.

⑤ Kressel K and Pruitt D G, "Themes in the mediation of social conflict", *Journal of Social Issues*, Vol. 41, 1985, pp. 179 – 98.

假设 1c：情理策略与个别争议调解的满意度正相关。

二　个别争议调解的评估策略

个别争议调解的评估策略是指调解员通过评估仲裁和诉讼的优势和劣势，或者根据过去的经验预测可能的仲裁和诉讼结果，建议双方权衡利弊之后，双方做出一些让步达成和解。期望理论①②能为评估策略的有效性提供合理解释。调解员通过预测可能的诉讼结果，评估调解和仲裁的利弊后，会改变当事人对仲裁和诉讼结果的期望值，使当事人认为仲裁和诉讼并不是最佳的替代性选择方案，进而更容易改变现有立场，做出让步达成和解。同时，已有实证研究发现评估策略对调解的结果产生积极影响，如 Wall 等发现评估策略比中立策略更有可能促使双方达成和解。③

由于调解员是通过理性分析调解的优劣之后，让双方自己权衡利弊做出的决策，因此，争议双方更容易对调解结果满意，也更容易对调解员产生信任。同时，在分析评估的过程中，双方会对自己存在的问题进行反思，一旦认为调解的方式更优，则会促使双方达成互惠互利的协议，且对双方各自的长期发展和双方关系的改善产生积极的影响。据此，我们提出以下假设：

假设 2a：评估策略与个别争议调解的短期效果正相关；

假设 2b：评估策略与个别争议调解的长期效果正相关；

假设 2c：评估策略与个别争议调解的满意度正相关。

三　个别争议调解的教育策略

个别争议调解的教育策略是指调解员批评并指出劳动者和企业存在问题之处，建议企业改善管理制度，提高劳动者的合法合理维权意识。这种策略与情理策略的差异在于，仍然围绕争议本身的实质性问题，而没有涉及维护颜面等心理需求。如在对调解员的访谈中，调解

① Goldman A and Rojot R, *Negotiation Theory and Practice*, Hague：Kluwer Law International，2003.

② Luecke R，*Negotiation*，Boston：Harvard Business School Press，2003.

③ Wall Jr J A，Dunne T C and Chan - Serafin S，"The effects of neutral，evaluative，and pressing mediator strategies"，*Conflict Resolution Quarterly*，Vol. 29，No. 2，2011，pp. 127 – 150.

员提到"我们会批评争议双方不切实际的态度和期望，告诉双方他们的行为存在哪些问题，以后应该怎么改进，但是他们是不是听从我们的建议和解还是看他们自己的意愿，我们主要希望通过调解能够帮助他们发现问题，以后改进行为"。根据期望理论①②，教育策略有利于改变双方不合理的期望，进而更容易接受调解。采用批评教育的方式，能帮助双方认识到各自的问题，有利于促使双方实现短期和解。同时，通过分析问题，提出帮助双方改进的措施和建议，改善双方的沟通方式，有助于提升调解的长期效果。在社区争议调解中，我国调解员使用的教育策略对于争议双方达成和解产生了积极作用。③ 然而，调解员对争议双方直接的批评和教育，容易引发争议双方的不满，进而降低他们对于调解的满意度。

假设3a：教育策略与个别争议调解的短期效果正相关；

假设3b：教育策略与个别争议调解的长期效果正相关；

假设3c：教育策略与个别争议调解的满意度负相关。

四 个别争议调解的施压策略

施压策略是指调解员通过对一方或双方施加压力使争议者改变原有的立场，促使双方做出让步达成和解。通过对已有文献的研究，我们发现施压策略对调解策略的影响存在一定的争议。一些研究认为，施压策略有利于双方达成和解。例如，Kressel 和 Pruitt 提出施压策略在一些条件下会增加调解成功的可能性，如中等水平的冲突。④ Carnevale 和 Conlon 强调施压策略是有效的，尤其是在高水平的冲突中。⑤ 在国际争议调解中，Bercovitch 和 Wells 发现积极的调解策略在解决争议时更可能成功（52% 的案例有效），然而那些相对中立的调解技术，

---

① Goldman A and Rojot R, *Negotiation Theory and Practice*, Hague: Kluwer Law International, 2003.

② Luecke R, *Negotiation*, Boston: Harvard Business School Press, 2003.

③ Wall Jr J A and Blum M, "Community mediation in the People's Republic of China", *Journal of Conflict Resolution*, Vol. 35, No. 1, 1991, pp. 3 – 20.

④ Kressel K and Pruitt D G, *Mediation research*, San Francisco: Jossey – Bass, 1989.

⑤ Carnevale P J D and Conlon D E, "Time pressure and strategic choice in mediation", *Organizational Behavior and Human Decision Process*, Vol. 42, 1988, pp. 111 – 133.

如提供信息、居中处理，只在34%的案件中有效。[①] 类似地，Kochan
和Jick发现在劝说谈判者让步时，那些使用施压策略的劳动调解员比
那些不这样做的调解员更有效。[②] 因此，从短期来看，施压策略可能
促使双方达成和解。

　　然而，Wall等提到个体更愿意自己控制自己的行动，对于有其他
人限制他们的个人自由并施加压力时，他们会产生消极的情绪反应。[③]
调解员对于争议双方施加压力或者威胁退出调解的行为，可能会激发
双方对调解员的不满，降低双方对调解员的信任和对调解结果的满意
度。从长期来看，由于双方并非自主选择和解的方案，而是受到调解
员施加的压力而做出妥协和让步，因而难以改善双方的长远关系。据
此，我们提出以下假设：

　　假设4a：施压策略与个别争议调解的短期效果正相关；
　　假设4b：施压策略与个别争议调解的长期效果负相关；
　　假设4c：施压策略与个别争议调解的满意度负相关。

五　不同调解策略的效果比较

　　通过对以往研究的回顾，我们发现调解员在调解的过程中可能不
仅仅使用单一的策略，而是可能同时使用多种策略，或者在不同的阶
段使用不同的策略。因此，在分析单一调解策略的效果后，有必要进
一步分析调解员同时使用多种策略时，不同调解策略对调解效果的贡
献程度。

　　在个别争议调解的四种策略中，评估策略和施压策略是以实现双
方和解的实质性结果为导向，调解员采取措施促使双方改变原有的立
场，达成和解协议，并且通过分析利弊和双方存在的问题，促使双方
思考自身的不足，以促进长远关系的改善。而情理策略和教育策略更

---

　　① Bercovitch J and Wells R, "Evaluating mediation strategies: a theoretical and empirical a-nalysis", *Peace and Change*, Vol. 18, No. 1, 1993, pp. 3 – 25.

　　② Kochan T A and Jick T, "The public sector mediation process: A theory and empirical ex-amination", *Journal of Conflict Resolution*, Vol. 22, No. 2, 1978, pp. 209 – 240.

　　③ Wall Jr J A, Dunne T C and Chan - Serafin S, "The effects of neutral, evaluative, and pressing mediator strategies" *Conflict Resolution Quarterly*, Vol. 29, No. 2, 2011, pp. 127 – 150.

注重调解过程中与双方的沟通，通过让争议双方信任调解员，劝说双方考虑对方的立场，发现各自存在的问题，促使双方各自做出让步，对调解实质性结果的影响弱于评估策略和施压策略。因此，对于调解的短期和长期效果，评估策略和施压策略的效果优于情理策略和教育策略。

同时，评估策略是通过对案件采用不同的处理方式的利弊进行分析和评估，降低双方的期望值，进而促使双方和解。而施压策略尽管也能促使双方调解，但双方受到了来自调解员的施压，即使达成了和解，其短期和长期效果弱于评估策略。而情理策略通过使用有亲和力的语言，劝说双方考虑对方的立场和面子，比教育策略直接批评质疑双方存在的问题更能促使双方接受调解，也更能改善双方的沟通模式，维护双方长期的劳动关系。基于上述论述，提出如下假设：

假设5：评估策略、施压策略、情理策略、教育策略对调解的短期效果的解释力依次递减。

假设6：评估策略、施压策略、情理策略、教育策略对调解的长期效果的解释力依次递减。

从四种策略对调解满意度的影响来看，评估策略和情理策略的满意度优于施压策略和教育策略。从争议双方对调解的可接受度分析，评估策略帮助双方分析利弊，让争议双方自己做出评判和选择，情理策略通过劝说双方考虑对方的立场而做出让步，这两种方式使争议双方的面子都得到了较好的维护，因而满意度更高。其中，评估策略的满意度优于情理策略，因为评估策略是针对问题本身进行评估，没有直接评价争议双方的态度，可以降低争议双方对调解员不满的可能性。而施压策略和教育策略都针对争议双方的问题和漏洞采取实质性的措施，容易激发双方的不满，其中教育策略是批评质疑双方的行为，而施压策略则采用了更加激进的方式给双方施加压力，因而施压策略对满意度的负向影响大于教育策略。基于上述论述，提出如下假设：

假设7：评估策略、情理策略、施压策略、教育策略对调解的满意度的解释力依次递减。

第二节　研究方法

一　数据来源

为了验证提出的假设，本研究对调解员进行了问卷调查（见附录3）。调查共发放 280 份问卷，回收 225 份问卷，问卷回收率为 80.4%。剔除无效问卷 49 份，共剩下有效问卷 176 份，有效回收率为 78.2%。调解员主要来自北京市，占 85%，其他各省市共占 15%。从被调查人员的人口统计学信息看，女性占 62.5%，年龄 26—35 岁占 66.5%，本科学历占 70.9%，硕士及以上学历占 25.1%，法律专业背景的调解员占 73.4%，仲裁调解员占 65.2%，律师调解员占 25.1%，工会调解员占 8.6%。调解员的经验年限为 3 年以内的占 22.7%，3—5 年的占 40.4%，5 年以上工作经验的占 36.9%。

二　变量测量

因变量的测量。调解效果的评估是在 Lim 和 Carnevale[1] 使用的调解效果评估量表基础上进行改进，由 16 个题项组成。如"争议已解决""协议中没有模糊的描述"等，由调解员评价案件的调解效果，1—5 代表"非常不同意""比较不同意""一般""比较同意""非常同意"。

自变量的测量。个别争议调解策略采用上文中经过探索性因素分析和验证性因素分析后的量表，包括五种调解策略，即程序策略（4个题项）、情理策略（3 个题项）、评估策略（3 个题项）、教育策略（3 个题项）、施压策略（2 个题项）进行评价。

控制变量的测量。我们将影响调解效果的一些争议特点，如冲突程度、诉求的合法性作为控制变量。

三　实证方法

本书首先采用回归分析法，分别分析每一种调解策略对调解效果

---

① Lim R G and Carnevale P J, "Contingencies in the mediation of disputes", *Journal of Personality and Social Psychology*, Vol. 58, No. 2, 1990, pp. 259 - 272.

的影响，再进行优势比较分析，比较不同策略的效果大小。为了降低实证分析过程中可能产生的共同方法偏差，研究在问卷调查时采用匿名的方式，参与调查的调解员不需要提供个人信息；在问卷中设计了反向题项；关于调解情境的信息主要是客观信息，可以减少主观因素的影响；在题项的顺序上采用随机的方式，减少被调查者的猜测因素。

第三节 研究结果

一 信度和效度分析

首先，对个别争议调解效果的量表进行信度检验，KMO 值为 0.911，通过 Bartlett 球形检验。其次，对个别争议调解效果的量表进行结构效度检验，探索性因素分析结果发现调解效果可以由三个维度来衡量，分别是短期效果、长期效果和满意度，三个因素的总解释方差为 67.03%，各个维度的 α 系数都超过 0.7（如表 5 – 1 所示）。

表 5 – 1　　　　个别争议调解效果的探索性因素分析结果

维度	系数	条目	因素 1	因素 2	因素 3	均值	标准差
短期效果	0.893	争议已经解决	0.896			4.21	1.07
		达成了互利互惠的协议	0.861			4.16	1.08
		总体是成功的	0.824			4.27	0.95
		在合理的时间内解决了争议	0.822			4.21	0.99
		协议中没有模糊的描述	0.798			4.36	0.92
		争议问题的数量减少	0.443			3.82	1.20
长期效果	0.846	对劳动者进行了良好的普法教育		0.903		3.95	0.94
		对企业规范管理行为产生积极作用		0.876		4.05	0.90
		维护了当地劳动关系的和谐稳定		0.655		4.24	0.86
		双方学会了沟通		0.651		3.47	1.06

续表

维度	系数	条目	因素1	因素2	因素3	均值	标准差
满意度	0.886	调解员感受到了双方的信任			0.725	4.14	0.86
		争议双方对调解结果满意			0.666	4.21	0.93
		调解员的需求和目标得到了满足			0.628	4.10	1.00

二　相关分析

由表5-2可知，情理策略与长期效果和调解满意度正相关，评估策略与短期效果、长期效果和调解满意度正相关，教育策略与长期效果正相关施压策略与长期效果负相关。

表5-2　　　　　个别争议调解策略与调解效果的相关分析

变量	Mean	SD	1	2	3	4	5	6	7
1 情理策略	3.20	0.80	1						
2 评估策略	4.26	0.60	0.222**	1					
3 教育策略	3.81	0.54	0.385**	0.380**	1				
4 施压策略	3.13	1.14	0.470**	0.261**	0.223*	1			
5 短期效果	4.17	0.83	0.075	0.320**	0.091	-0.062	1		
6 长期效果	3.89	0.78	0.178*	0.319**	0.153*	-152*	0.478**	0.688**	1
7 调解满意度	4.16	0.85	0.174*	0.342**	0.134	-0.093	0.695**		1

注：$* p < 0.05$；$** p < 0.01$；$*** p < 0.001$。

三　回归分析与假设检验

采用多元回归分析对研究假设进行检验。根据表5-3，以短期效果作为因变量，引入冲突程度、诉求合法性作为控制变量，构建Model1；其次，在Model1基础上引入四种调解策略，构建Model2，情理策略（$\beta = 0.089$，n.s）、教育策略（$\beta = -0.039$，n.s）、施压策略（$\beta = -0.150$，n.s）对调解的短期效果的影响不显著，假设1a、3a、4a没有通过检验；评估策略（$\beta = 0.344$，$p < 0.001$）对调解的短期效果产生显著正向影响，假设2a通过检验。为了检验假设5，采用优

势比较分析对四种策略对调解短期效果的解释力进行分解（见表5-4），结果表明，评估策略、施压策略、情理策略和教育策略分别占调解策略短期效果总解释力比重为83.78%、7.21%、5.41%、3.60%，即评估策略>施压策略>情理策略>教育策略，H5得到验证。

表5-3　　不同调解策略对个别争议调解效果影响的回归分析

变量	短期效果		长期效果		调解满意度	
	Model1	Model2	Model3	Model4	Model5	Model6
诉求合法性	0.132	0.095	0.18*	0.147*	0.17*	0.131
	(0.061)	(0.059)	(0.061)	(0.057)	(0.056)	(0.051)
冲突程度	-0.159*	-0.113	-0.149	-0.085	-0.071	0.023
	(0.079)	(0.077)	(0.078)	(0.074)	(0.074)	(0.068)
情理策略		0.089		0.231**		0.284***
		(0.92)		(0.090)		(0.082)
评估策略		0.344***		0.359***		0.355***
		(0.111)		(0.110)		(0.099)
教育策略		-0.039		-0.029		-0.009
		(0.131)		(0.128)		(0.114)
施压策略		-0.150		-0.263**		-0.364***
		(0.065)		(0.063)		(0.056)
Durbin-Watson		1.692		1.788		1.459
VIF	1.009	1.056—1.461	1.005	1.052—1.460	1.003	1.038—1.456
调整 R^2	0.035	0.124	0.047	0.195	0.024	0.214
$\triangle R^2$		0.110***		0.166***	0.082**	0.207***
N	164	164	166	166	167	167

注：*p<0.05；**p<0.01；***p<0.001。

表5-4　　个别争议四种调解策略对调解短期效果的优势比较分析

方程中已包括的变量	R^2	X1	X2	X3	X4
—	0	0.008	0.092	0.008	0.000
X1（情理策略）	0.008	—	0.084	0.004	0.003

续表

方程中已包括的变量	R^2	X1	X2	X3	X4
X2（评估策略）	0.092	0.000	—	0.001	0.012
X3（教育策略）	0.008	0.003	0.086	—	0.001
X4（施压策略）	0.000	0.011	0.104	0.009	—
X1、X2	0.092	—	—	0.001	0.016
X1、X3	0.011	—	0.083	—	0.004
X1、X4	0.011	—	0.097	0.004	—
X2、X3	0.094	0.001	—	—	0.011
X2、X4	0.104	0.005	—	0.000	—
X3、X4	0.009	0.006	0.096	—	—
X1、X2、X3	0.094	—	—	—	0.016
X1、X2、X4	0.108	—	—	0.001	—
X1、X3、X4	0.015	—	0.095	—	—
X2、X3、X4	0.105	0.005	—	—	—
X1、X2、X3、X4	0.110	—	—	—	—
对 R^2 的分解		0.006	0.093	0.004	0.008
在已预测方差中的百分比		5.41%	83.78%	3.60%	7.21%

根据表 5 - 3，以长期效果作为因变量，引入冲突程度、诉求合法性作为控制变量，构建 Model3；其次，在 Model3 基础上引入四种调解策略，构建 Model4，情理策略（$\beta = 0.231$，$p < 0.01$）、评估策略（$\beta = 0.359$，$p < 0.001$）对调解的长期效果产生显著正向影响，假设 1b、2b 通过检验；教育策略（$\beta = -0.029$，n.s）对调解的长期效果没有显著影响，假设 3b 未通过检验；施压策略（$\beta = -0.263$，$p < 0.01$）对调解的长期效果产生显著负向影响，假设 4b 得到验证。为了检验假设 6，采用优势比较分析对四种策略对调解长期效果的解释力进行分解（见表 5 - 5），结果表明，评估策略、施压策略、情理策略和教育策略分别占调解策略长期效果总解释力比重为 46.34%、27.32%、21.46%、4.88%，即评估策略 > 施压策略 > 情理策略 > 教育策略，H6 得到验证。

表5-5 个别争议四种调解策略对调解长期效果的优势比较分析

方程中已包括的变量	R^2	X1	X2	X3	X4
—	0	0.038	0.093	0.022	0.015
X1 (情理策略)	0.038	—	0.075	0.008	0.06
X2 (评估策略)	0.093	0.016	—	0.001	0.047
X3 (教育策略)	0.0222	0.02	0.074	—	0.025
X4 (施压策略)	0.015	0.082	0.125	0.032	—
X1、X2	0.113			0.000	0.095
X1、X3	0.044	—	0.069	—	0.062
X1、X4	0.098		0.11	0.011	
X2、X3	0.096	0.014	—		0.05
X2、X4	0.14	0.062		0.004	
X3、X4	0.047	0.055	0.099		
X1、X2、X3	0.113	—	—	—	0.094
X1、X2、X4	0.208	—	—	0.000	
X1、X3、X4	0.106		0.101	—	
X2、X3、X4	0.146	0.056	—	—	
X1、X2、X3、X4	0.207	—	—	—	
对 R^2 的分解		0.044	0.095	0.01	0.056
在已预测方差中的百分比		21.46%	46.34%	4.88%	27.32%

根据表5-3，以调解满意度作为因变量，引入冲突程度、诉求合法性作为控制变量，构建Model5；其次，在Model5基础上加入四种调解策略，构建Model6，情理策略（$\beta = 0.284$，$p < 0.001$）、评估策略（$\beta = 0.355$，$p < 0.001$）对调解满意度产生显著正向影响，假设1c、2c通过检验；教育策略（$\beta = -0.009$，n.s）对调解满意度没有显著影响，假设3c未通过检验；施压策略（$\beta = -0.364$，$p < 0.001$）对调解满意度产生显著负向影响，假设4c得到验证。为了检验假设7，采用优势比较分析对四种策略对调解满意度解释力进行分解（见表5-6），结果表明，评估策略、情理策略、施压策略和教育策略分别占调解满意度总解释力比重为63.89%、18.33%、13.89%、

3.89%，即评估策略 > 情理策略 > 施压策略 > 教育策略，H7 得到
验证。

表 5 – 6　　个别争议四种调解策略对调解满意度的优势比较分析

方程中已包括的变量	R^2	X1	X2	X3	X4
—	0	0.036	0.11	0.016	0.002
X1（情理策略）	0.036	—	0.081	0.004	0.023
X2（评估策略）	0.11	0.013	—	0	0.023
X3（教育策略）	0.016	0.021	0.096	—	0.006
X4（施压策略）	0.002	0.057	0.131	0.02	—
X1、X2	0.117	—	—	0.001	0.049
X1、X3	0.039	—	0.08	—	0.025
X1、X4	0.059	—	0.106	0.007	—
X2、X3	0.112	0.012	—	—	0.023
X2、X4	0.133	0.039	—	0	—
X3、X4	0.022	0.039	0.144	—	—
X1、X2、X3	0.199	—	—	—	0.047
X1、X2、X4	0.165	—	—	0.001	—
X1、X3、X4	0.063	—	0.103	—	—
X2、X3、X4	0.136	0.036	—	—	—
X1、X2、X3、X4	0.166	—	—	—	—
对 R^2 的分解		0.033	0.115	0.007	0.025
在已预测方差中的百分比		18.33%	63.89%	3.89%	13.89%

第四节　研究小结与讨论

本章主要研究了在个别争议调解过程中，不同调解策略的效果及
其差异。研究结果表明，个别争议调解的策略中，情理策略对长期效
果和满意度产生积极的影响，对短期效果没有显著影响；评估策略对

短期效果、长期效果和满意度都产生了积极的影响；教育策略对短期效果、长期效果和满意度都没有产生显著的影响；施压策略对长期效果和满意度都产生消极的影响，对短期效果没有显著影响。同时，比较不同策略的解释力可以发现，评估策略、施压策略、情理策略、教育策略对短期效果和长期效果的解释力依次递减；评估策略、情理策略、施压策略、教育策略对调解满意度的解释力依次递减。

综上所述，我们发现采用评估策略的总体效果是最佳的，这也是调解员在处理个别劳动争议过程中使用最频繁的权变策略。究其原因主要是在调解员的分析和评估下，争议双方可以了解仲裁可能的结果，在此基础上做出是否和解的判断。在此过程中，双方既可以做出理性的决策，又能够发现自己存在的问题，完善自身的行为，实现争议双方和调解员的共赢。这与 Wall 等对于评估策略的效果研究结果一致。[①] 施压策略消极影响产生的原因在于个人不愿意在他人的强加压力下做出妥协，而更倾向于通过分析评估之后做出的决策，因此调解员使用施压策略，不但无法促进双方达成和解，而且对于双方长期关系的改善产生了消极影响，且调解的满意度最低。教育策略主要批评双方当前行为，但由于并没有对双方的实质性问题作出进一步的干涉，对短期效果、长期效果和调解的满意度都没有产生影响，且对调解效果的贡献度很低。而情理策略更关注双方长期关系的改善，维护双方的面子，满足双方的心理需求，因而对长期效果和调解满意度产生积极的影响，且对满意度的贡献相对较大。

根据以上研究结果，调解员在选择劳动争议调解策略时，应该考虑策略可能的效果。总体而言，个别争议最优的调解策略是评估策略，其短期效果、长期效果和调解的满意度都是最佳的。如果希望提升调解满意度，调解员还可以选择情理策略，但应该慎重使用施压策略，减少施压策略的消极影响。

---

① Wall Jr J A, Dunne T C and Chan‐Serafin S, "The effects of neutral, evaluative, and pressing mediator strategies", *Conflict Resolution Quarterly*, Vol. 29, No. 2, 2011, pp. 127–150.

第六章　集体争议调解的策略选择
及其影响因素研究

第四章的研究探索了我国个别争议调解策略及其影响因素，但个别争议与集体争议在形式和实质内容上具有较大的差异。个别争议是雇主和单个劳动者发生的争议，集体争议是劳动者团体与用人单位一方因签订和履行集体合同而发生的争议。从现有的成文法规定来看，我国的集体争议主要分为三类，即集体劳动争议、集体合同争议和集体行动争议。[①] 集体劳动争议在一般意义上泛指所有类型的集体争议，但在我国目前的法律语境中则特指"十人以上有共同请求的劳动争议"。我国劳动统计年鉴中的集体劳动争议数据也仅涉及这种类型，其实质是一种"个别劳动争议的集合"。这类争议因涉及劳动者的人数一直保持在高位，目前仍是我国劳动争议处理机构关注的重点。集体行动争议是劳资双方通过集体行动来保障和争取权利的争议行为。[②] 因劳动者组织性较强、案发较突然、对抗程度较高、影响力较大等特点，受到了地方政府的高度重视。[③] 集体合同争议包括因签订和履行集体合同所引发的集体争议，但我国集体合同签订和履行普遍存在形式主义"走过场"的倾向，缺乏真正的协商谈判，因而在实践中极少出现集体合同争议的情形。[④] 综上所述，本章主要关注涉及人数多、

---

① 常凯：《我国劳资集体争议的法律规制体系建构研究》，《南京大学学报》（哲学·人文科学·社会科学）2017 年第 5 期。

② 戴春、李琪：《行动型集体劳动争议的影响及对应》，《中国工人》2014 年第 12 期。

③ 吴清军、许晓军：《中国劳资群体性事件的性质与特征研究》，《学术研究》2010 年第 8 期。

④ 吴清军：《集体协商与"国家主导"下的劳动关系治理——指标管理的策略与实践》，《社会学研究》2012 年第 3 期。

影响范围大、处理难度高的集体劳动争议和集体行动争议。

目前，我国的劳动争议处理制度主要针对个别争议、权利争议所设计的，可以通过仲裁和诉讼的途径解决。而对于集体争议，尤其是利益争议，是关于待定权利的纠纷。这类争议缺乏完善的法律法规，目前的处理方式以调解为主，但对于具体由谁来调解、如何调解等问题缺乏相应的制度和深入的研究。在实践过程中，各地开展了各具特色的实践，如党政领导的应急处理机制、劳动仲裁、多部门联动调解机制[①]，这些模式的共同之处在于地方政府的作用明显，这也体现出政府通过社会管理来调整劳动关系。[②] 本章以北京市劳动争议调解中心和劳动仲裁机构调解的集体争议案件为例，重点研究地方政府在集体争议调解中采用的策略及其影响因素。

国内由于缺乏专门设立的集体争议调解机构，主要由地方政府协调处理。学者主要围绕地方政府处理集体争议的定位、角色、目标和方式等开展研究。在政府的定位和角色上，学者普遍认为政府在处理集体争议时，应该保持中立，作为第三方协调人的身份为劳资协商谈判创造条件[③][④]，但也有一些案件，地方政府基于维稳的职责考虑，动用国家机器强力介入。在政府的目标上，有研究发现政府在处理集体争议时，旨在实现地方经济发展、稳定与政府合法性的平衡。[⑤] 在处理方式上，政府因缺乏制度依据而采用非制度化的调解、斡旋等方式处理劳资集体争议[⑥]，具体的措施包括教育、疏导、安抚、容忍、

① 杨欣：《我国集体劳动争议处理法治模式及其选择——以利益性争议为关注》，《广东行政学院学报》2012 年第 12 期。

② 栾爽：《论构建和谐劳动关系中的政府责任》，《中国行政管理》2008 年第 6 期。

③ 常凯：《劳动关系的集体化转型与政府劳工政策的完善》，《中国社会科学》2013 年第 3 期。

④ 肖竹：《〈劳动争议调解仲裁法〉中劳动争议处理体制的适用问题研究》，《政法论丛》2009 年第 2 期。

⑤ 孟泉：《塑造基于"平衡逻辑"的"缓冲地带"——沿海地区地方政府治理劳资冲突模式分析》，《东岳论丛》2014 年第 5 期。

⑥ Chen F, "Trade Unions and the Quadripartite Interactions in Strike Settlement in China", *The China Quarterly*, Vol. 201, No. 3, 2010, pp. 104 – 124.

压制、分化、瓦解等①②。同时，个别争议和集体争议在表现形式的差异，使得调解员也可能采用不同的策略。

因此，在文化和制度差异的影响下，我国集体争议的调解策略是否有别于西方国家？我国的集体争议调解策略与个别争议是否存在区别？集体争议调解策略的选择受到哪些因素的影响？这些问题都是本章试图回答的。

第一节　集体争议调解策略选择及其影响因素的扎根研究

一　研究方法

（一）扎根理论研究方法

与个别争议调解策略研究类似，本章采用扎根理论的研究方法，主要原因是希望通过收集过去鲜有研究且独特的关于我国集体争议调解过程的资料，来产生新的理论观点。尽管国外关于集体争议调解策略已经有相当丰富的研究成果，但我国的文化情境和制度存在差异，导致集体争议调解的策略存在不同于西方的特点。因此，从调解的过程出发，通过访谈、观察、文本等多元化的方式收集资料，从资料中归纳编码，再提炼出中层理论的方法非常适合探索性地研究集体争议的调解过程。

（二）样本选择

本书选择北京市六方联动调解组织和劳动仲裁机构作为研究对象，主要基于两方面考虑：一是北京市作为我国首都，非常重视劳动关系的和谐稳定。2010 年，北京市建立了由北京市总工会牵头，市人力资源和社会保障局、司法局、信访办、高级人民法院和企业联合会

---

① 熊新发：《比较视野下中国罢工治理的反思与展望——常态与非常态：积极解决与消极应对》，《云南社会科学》2010 年第 5 期。

② 王天玉：《劳动者集体行动治理的司法逻辑——基于 2008—2014 年已公开的 308 件罢工案件判决》，《法制与社会发展》2015 年第 2 期。

加入的六方联动调解机制，并在各个区县设立劳动争议调解中心，主要由工会牵头，地方政府购买服务，并大多由律师担任调解员，也包括一些工会调解员。北京市六方联动调解机制成为探索多部门联动处理劳资集体争议的典型实践，具有一定的代表性，并多次作为典型开展经验交流；二是已有研究主要关注广东、大连、温州等地区的案件，而目前北京市的集体争议案件数量呈上升趋势，其地方政府的处理策略能为集体争议的解决提供新的经验借鉴。劳动争议调解中心受理的案件主要由各级劳动仲裁机构在劳动者立案仲裁前引导进入，但部分劳动者会要求直接进入仲裁，此时劳动仲裁机构也会开启仲裁前的调解环节。劳动争议调解中心和劳动争议仲裁机构是北京市处理集体争议的重要调解代理机构，调解员是在这些机构中具体开展工作的地方政府调解代理人（以下简称"调解代理人"）。通过分析地方政府调解代理机构（以下简称"调解代理机构"）处理的集体争议案件，能够较好地反映地方政府如何通过其调解代理人解决集体争议。

（三）资料收集

在数据资料收集方面，本研究根据三角验证法，利用多种渠道收集数据。具体来源如下：（1）通过开放式问卷调查、焦点小组访谈和深度访谈三种方式收集一手资料（如表 6-1 所示）。首先，以开放式问卷调查的形式，邀请北京市 16 个区县的劳动争议调解中心和劳动仲裁机构参与调查，选取近三年处理的典型集体争议案件，描述案件基本信息、处理过程和处理策略技巧。共回收 15 份问卷，涉及案例 50 个，剔除描述简单的案件，保留 20 个详细的案件作为编码的文本。其次，进行焦点小组访谈，访谈内容是针对问卷中涉及的案例进一步了解集体争议处理的过程、策略技巧及其考虑的因素等。最后，选取发生集体争议较多的 6 个区县深入现场，进行深度访谈。选择有集体争议调解经验的律师调解员、仲裁员、工会工作人员等作为访谈对象，同时考虑人口统计学信息（年龄、性别、受教育程度）和专业性特征（从事调解工作年限），尽可能使受访者多元化。每个区县的访谈对象一般在 2—7 人，访谈时间 60—120 分钟，焦点小组访谈和深度访谈的提纲见表 6-2。（2）通过多种途径获得二手数据。一是北

京市劳动争议调解中心和劳动仲裁机构处理劳资集体争议的案卷和总
结报告；二是互联网资料，通过搜索引擎等方式搜索涉及劳资集体争
议案件的报道；三是工作资料，借助课题的便利收集北京市各个区县
联动调解机制的工作资料，包括工作规划、工作总结、调研报告、典
型案件等。将一手资料和二手资料结合起来，建立研究资料库，形成
可供开放式编码的素材。

表 6 - 1 　　　　　　　　　　数据的总体特征

开放式问卷调查	焦点小组访谈	深度访谈	档案记录
向北京市 16 个区县共 19 个劳动调解中心和劳动仲裁机构发放开放式调查问卷，共回收 15 份，平均每份问卷涉及 3 个集体争议案件，共 50 个案例	7 个区县 7 名调解员的焦点小组访谈，每个区县 1 人参加，围绕集体争议调解的过程、策略及其影响因素	对 6 个区县的深度访谈，每个区县 2—7 人参加，平均每个区县 2 小时，围绕集体争议调解的过程、策略及其影响因素	案件申请书、调解笔录、调解协议书、履行证明等归档材料

表 6 - 2 　　　　　集体争议调解策略及其影响因素访谈提纲

访谈问题
1. 基本情况 请您描述您的个人和所在调解机构的基本情况 a. 个人基本情况：性别、年龄、学历、调解经验、身份 b. 所在调解机构的基本情况：成立时间、人员规模、案件受理情况、与其他部门的合作情况等
2. 集体争议调解的策略及影响因素调查 请您回顾您最近处理的集体争议，包括案件的基本信息、处理过程中采用的方法和策略，采用这些策略考虑的因素以及最终的结果。个别争议和集体争议调解策略的差异及其原因。

本研究邀请了 6 名人力资源管理硕士研究生，分别对筛选出来的
20 个调查问卷案例和 26 份访谈记录进行整理，并进行完整性检验。
首先，每名硕士研究生对 7—8 份原始记录进行整理，然后按照统一
的格式将文本记录转化为逐字稿。尽管所有来源的数据对于反复核查
都是有帮助的，但是本研究的调查汇报案例和访谈是主要的数据来
源，档案数据是为了进一步验证结果，并提供背景支持。以大兴区汇

报的一个案例和对朝阳区某调解员的访谈记录为例，截取逐字编码样
例（见表 6-3 和表 6-4）。如表 6-3 所示，方框内的文字是调查问卷

表 6-3 集体争议问卷汇报案件逐字稿样例

调查日期：2015/11/15 文本编号：Text-D-DX01

北京市 A 公司建厂时间 1999 年 5 月 31 日，建会时间 2000 年 5 月 1 日，现有职工 890 人。2014 年 9 月 5 日，接镇政府办通知，北京市 A 公司发生了有 600 余人参加的集体罢工事件〔劳动者人数、劳动者采取的行动〕。争议发生的主要原因是员工加班费按北京市最低工资发而不是以实际工资为基数；部分人不愿意缴纳养老保险而想直接拿钱；工龄工资最初是按每年增加 40 元发放，由于企业效益不好，企业单方面决定改为奖金，变相不予发放；高温费的发放不及时。此次事件发生的一个重要原因是原来的工会主席被换掉，导致员工不满〔争议的原因〕。

大兴区处理群体性事件最初是五方联动的调解机制，发展至今已经成为六方多家的调解模式。与人保局执法监察局共同处理案件是我们的一个创新，把调解机制下放至各执法大队，成立了基层执法大队，争取把劳动机制化解在基层，处理在萌芽状态〔多部门协调〕。一般而言，区级工会去到现场不直接与企业接触，先与镇级工会接触了解情况，特殊情况才会直接与企业接触，大的群体性事件不仅区级工会与企业接触，相关单位都会参与〔争议规模影响参与部门〕。此案中，区级工会带调解中心律师到现场时，镇工会主席和监察人员十余人已经到场〔多部门协调〕。镇级工会先跟企业接触，但一般不与事件组织者、实名举报者接触，因为这类人一般会有顾虑，怕以后在企业中受刁难之类的情况发生，他们不愿意承认。为了解决实质的问题，镇工会一般会先找企业工会和企业人力资源部〔与关键人员沟通〕。……事件当天，由于企业法人代表未能赶到现场，事件并没有取得圆满的结果。企业法人代表来到北京后，进行了 3 天的协商，于 9 月 7 日双方才达成协议，事件最终处理完毕。通过联动机制的建立，集体的案件都能在第一时间知道，并能得到有效控制〔快速处理〕。

最终企业方承诺：1. 将 2012 年 1 月至 2014 年 8 月共计 32 个月加班费差额补发给员工；2. 将 2014 年 8 月份的年度津贴补发给员工；3. 将 2005 年至 2009 年的养老保险补偿款发给员工；4. 依法解决高温费，并将欠发的一个月高温费补发给职工；5. 关于职工反映劳动合同及伙食不佳的情况将责令 A 公司依法整改。所有补偿款于 10 月发工资时一并补发给职工，共计 1900 余万元，三天左右职工已正常上班，企业已经恢复生产〔调解方案〕。当地工会、劳动监察分队令 A 公司限期整改。整改的主要内容是有关于员工切身利益的制度。企业方把效益放在第一位，但也不能擅自改变职工福利制度，应该及时与职工代表商议，征得企业员工同意。之前发生的类似事件也都是企业单方改变职工福利……〔促使企业完善规章制度〕。

表 6 - 4	集体争议调解访谈记录逐字稿编码样例

受访者编号：CY1 日期：2014/11/15 文本编号：Text - J03

I：请您回顾您最近处理的集体争议，包括案件的基本信息、处理过程中采用的方法和策略。

T：我之前参与处理过 B 公司的集体争议案件。B 公司因为投资失误导致连年亏损，公司自 2012 年 1 月开始拖欠员工工资，截至 2014 年 2 月，该企业迟发工资的行为达到 21 次之多，且具有拖欠缴纳社会保险及住房公积金的违法行为 [争议原因]。公司为摆脱困境单方面出具八条解决方案（包括降低工资和延长工作时间等），引爆集体争议，员工要求与 B 公司解除劳动合同，同时要求支付 N + 1 倍经济补偿金、迟延支付工资的 25% 的经济补偿金、十三薪和提成 [诉求内容]。

I：您是怎样处理这个案件的？

T：快速分清集体劳动争议的种类和焦点，从焦点问题入手找出相关的法律规定，将调解范围缩小，从而易化调解 [确定争议的焦点]。该案件有三个争议焦点：第一，企业单方面抛出的八条解决方案，是对原合同的变更还是解除？第二，在双方对赔偿数额达成一致的基础上，支付方式如何确定？第三，签署调解书与工作交接谁前谁后？

针对上述三个焦点问题我们分别给出了解决路径：

第一，资方认为单方抛出的八条解决方案是对原劳动合同内容的变更，但员工认为资方的行为名为变更实为逼迫员工自动离职达到解除劳动合同的目的。对此，企业明确表示不想与员工解除劳动合同，只是想与员工协商通过降低工资标准、延长劳动时间的方式帮助资方度过险境，但员工方不同意资方提出的变更意见，以无故拖欠工资为由要求与资方解除合同并要求支付经济补偿金、十三薪及提成等 [确定争议焦点]。

第二，经过协商双方对于赔偿数额达成一致意见，但是对于支付方式上员工要求在解除劳动关系时一次性支付，资方却认为企业经营确实发生实际困难，需要分期支付。后经给员工方做工作，告知其虽然资方有一定的支付能力，但一次性支付 23 个人的经济补偿金确实是一笔不小的数目，如果双方能够调解并以签署调解书的形式将赔偿数额确定下来，让资方分期分批支付，也能最大化的保障员工方的利益，后员工方接受了我们的建议 [分批支付履行协议]。

第三，对于工作交接问题，我们建议双方可以在签署调解书时一并办理工作交接，这样做可以同时兼顾双方利益 [兼顾双方利益]。

I：你具体是如何处理这个案件的？采用了调解方法和技巧？

T：我们首先要了解、整理案件的基本信息 [收集案件信息]。集体争议案件爆发背景的了解非常重要，个案解决如果可以在一定程度上依据劳动者的申请书的话，集体争议案件的解决必须全盘了解双方矛盾升级的过程以及双方的诉求点 [了解争议的背景和原因]。然后，确定调解的沟通机制，根据情况要求劳动者分组，并选取代表。我们只解决共性的问题，就这些共性问题，选取代表。代表的意见你们要听。所有的集体争议调解都要转换成个体的调解，不能由一个调解员对峙一群人，而是由员工选出代表，由代表收集员工的意见，分别和每个代表谈判 [选代表沟通]。整理出问题后马上和企业沟通，你能同意的有哪些，有争议的有哪些？再和员工讨论，就有争议的问题讨论［了解双方底线］。这种时候背对背的调解不是很有效，时间也不允许。可能一般要一天或者一晚上必须把这个事情解决［快速解决］。在此基础上，根据双方争议焦点拟定可能的调解方案，并制订调解步骤，寻求各方利益最大化，同时，寻求各方的协助［外部协调］。在调解的过程中，要严格控制各方情绪，避免群体性事件的发生，以确保不发生非理性冲突为前提［情绪安抚］。

I：哪些因素会影响您的调解方式和策略？

T：集体争议案件笼统看，矛盾争议仍然是用人单位和劳动者两方，但事实上，根据各方情况不同需要我们恰当的分类。

从用人单位一方来说，根据用人单位国有、私营、外资等的不同，我们需要了解他们内部的不同决策机制，这样便于我们选定不同的对接人［企业性质］。另外，毕竟处理纠纷的都是个人，我们不能排除这些代理单位处理纠纷的个人也会在某一时刻成为劳动者中的一员，所以，这种微妙的平衡需要我们时刻注意［企业代理人的角色转换］。

从劳动者一方来说，我们首先要了解劳动者群体里的代言人，并且，要将一些特殊群体特殊处理，比如三期女员工、工伤、医疗期，等等［关注关键人员和特殊人员］。总之，我们要根据争议焦点的不同，尽可能把劳动者分为不同的群体，争议将集体案件化解为个案解决［分组调解］。

汇报案件的逐字稿内容（部分文字稿省略）。表格上方的文字是该调查案例的调查日期和逐字稿的编号等基本信息。D 代表观察案例，DX 代表大兴区，01 代表调查问卷中大兴区提及的第一个案例。类似地，表 6-4 是访谈的逐字稿内容。I 代表调查者，T 代表调解员，CY 代表朝阳区，J 代表焦点小组访谈，访谈的基本信息也包括受访者的编码、访谈的日期、逐字稿的编号。CY1 为调解员的编号，03 代表第 3 个访谈记录。

二 范畴提炼与模型构建

本书严格遵循扎根理论的三级编码程序，即开放性编码、主轴性编码和选择性编码，使用质性分析软件 Nvivo11.0 完成对所有文本资料的编码过程。

（一）开放性编码

开放性编码是将资料概念化，将概念范畴化的过程。首先将文本资料标注标签，然后将标签提炼为概念，通过持续比较的方法，将具

有关联的标签归纳在一起，最后再比较概念之间的关系，将概念范畴
化。本书最终得到了 45 个概念和 20 个范畴，部分开放性编码如表
6-5 所示，详见附录 2。

表 6-5　　　　基于质性分析软件 Nvivo11.0 的集体争议
调解开放性编码部分示例

范畴	概念	资料来源	参考点	典型语句举例
争议的特点	争议性质	34	48	因企业搬迁，员工不同意到新的工作地点工作，要求单位方支付双倍赔偿金
	诉求内容	33	37	公司为摆脱困境，单方出具八条解决方案（包括降低工资和延长工作时间等），引爆劳资争议，员工要求与公司解除劳动合同，同时要求支付 N+1 倍经济补偿金、迟延支付工资的 25% 的经济补偿金、十三薪和提成
	事件影响范围	16	23	因不能达成一致意见，32 名员工遂堵住厂区大门，致使工厂运输原料及产品的车辆均不能通行，给企业生产造成很大影响
	冲突程度	14	17	公司工作人员与工人在调解过程中对工作量、劳动者数量、工资数额问题上多次发生分歧，甚至发生过工人情绪过于激动，将该公司人员围堵在调解中心办公区的情形
……	……	……	……	……
20 个范畴	45 个概念			对原始资料进行编码

（二）主轴编码

主轴编码是建立范畴之间关系的过程。本书通过典范模式"条件—现象—脉络—中介条件—行动策略—结果"，进行主轴编码，得到了四个主范畴，分别是调解情境、调解代理人综合评估、调解代理机构、调解策略。其中，调解情境指的是影响调解策略选择的外部因素，由争议特点和争议双方特点构成；调解代理人综合评估和解的难度并确定目标导向；调解代理机构主要考察争议处理机构的类型；调

解策略由程序策略、情理策略、评估策略、借力策略和分化策略构成。提炼主范畴的结果如表6-6所示。

表6-6 集体争议调解基于典范模式的主范畴

主范畴	副范畴	开放性范畴
调解情境	争议的特点	争议性质、事件的影响范围、诉求内容、冲突程度
	企业的特点	企业性质、企业行为的合法性
	劳动者的特点	劳动者的规模、劳动者采取的行动
调解代理机构	类型	劳动仲裁机构、劳动争议调解中心
调解代理人综合评估	和解的难度	和解难度大小
	调解的目标导向	过程导向、结果导向
调解策略	程序策略	分析争议
		了解双方底线
		时间控制
		确定调解原则立场
	情理策略	语言表达
		安抚情绪
		获取信任
		同理心劝说双方相互理解、改变不合理期望
	评估策略	解释法律规定
		预测结果
		评估利弊
	分化策略	与重点对象沟通
		分批解决
	借力策略	借力支持
		借力协调
		借力施压

（三）选择性编码

选择性编码的过程比主轴编码更抽象，主要是确定核心范畴和其他范畴之间的关系，形成"故事线"来描绘行为现象和脉络条件，进而发展成一个新的理论框架。本研究确定的核心范畴是"集体争议调解策略"，它由调解情境、调解代理人综合评估、调解代理机构和调解策略选择四个主范畴组成。主范畴的典型关系结构（故事线）见表6-7。具体而言，调解情境（包括争议的特点和争议双方的特点）影响调解策略的选择，调解情境通过影响调解代理人对和解难度和目标导向的综合评估，进而影响调解策略选择。同时，调解代理人所在机构的类型影响其综合评估后的策略选择。

表6-7　　　　　　　　　　主范畴的典型关系结构

典型关系结构	关系结构的内涵
调解情境—调解策略选择	争议的特点和争议双方的特点影响调解策略的选择
调解情境—调解代理人综合评估—调解策略选择	调解情境通过影响调解代理人对和解难度和目标导向的综合评估，进而影响调解策略选择
调解代理人综合评估—调解代理机构—调解策略选择	调解代理机构的类型影响调解代理人综合评估后的策略选择

　　基于此，本研究最终构建了地方政府集体争议调解的策略选择影响因素模型（如图6-1所示）。

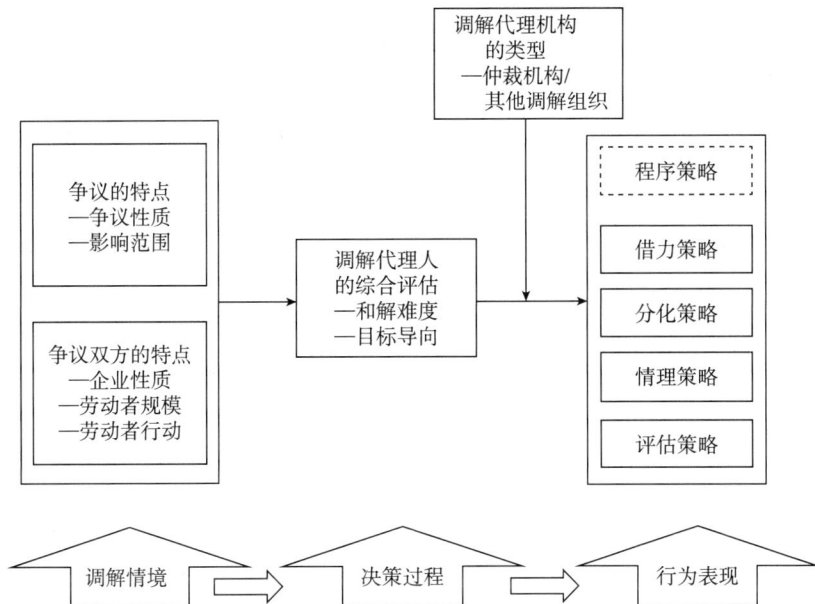

图6-1　地方政府集体争议调解的策略选择影响因素模型

（四）信度和效度分析

首先，本研究采用以下方法提高研究的信度：一是采用调查问卷、访谈、档案、工作报告等多种渠道收集数据，形成数据的三角验证；二是由三名编码人员独立对 20 份描述完整的调查案件和 26 份访谈的文本资料进行编码，对编码出现不一致的进行讨论，最终编码的一致性达到 96.1%；三是邀请人力资源管理和劳动关系研究领域的专家参与选择性编码过程，主要充当质疑者的角色。

其次，本研究收集了 20 个有效的调查案件样本，26 个访谈样本。当编码者分析到第 18 个调查案件样本和第 23 个访谈样本时，概念和范畴基本实现了饱和，到第 20 个调查案件样本和 26 个访谈样本时，已经很少出现新概念和范畴。因此，本研究能够达到理论饱和的效度。

最后，为了进一步验证我们的观点和解释的准确性，我们将本研究的结果发送给被调查者进行核查确认以保障研究效度，在综合考虑反馈意见后对结果进行微调。

三　模型阐释与研究发现

（一）地方政府集体争议调解的策略类型

本书发现地方政府集体争议调解策略由"五种类型，十六种调解技术"构成，五种调解策略类型分别是程序策略、情理策略、评估策略、分化策略、借力策略。其中，程序策略是指根据调解的基本程序要求实施的策略，旨在让争议双方了解调解程序的特点并了解争议的基本情况，具体调解技术包括确定争议的焦点及问题的优先顺序、调查争议的事实和原因、控制调解时间。这种策略的特点是不管在何种类型的案件中都会采用，属于调解的非权变策略。

与其相比，情理策略、评估策略、分化策略和借力策略是地方政府根据具体情境选择的策略，属于调解的权变策略。其中，情理策略是指不强调法律，而强调注重疏导双方的情绪，以理服人，具体的技术包括提供情绪宣泄渠道、使用具有亲和力的语言、建议双方站在对方的立场换位思考；评估策略是指依据法律法规对案件进行客观地评估，帮助双方寻找合理的方案，以促使双方达成和解，具体的技术包括劝说一方或双方改变不合理的期望、比较调解与仲裁的可能结果、建议双方权衡利弊；分化策略是指将劳动者群体拆分为更小规模的团体或单个个体而采取的策略，具体技术包括根据劳动者的特点分组调解、分批签订调解协议、与劳动者集体中的关键人物沟通；借力策略是指借助多个部门的力量介入处理争议的策略，具体的技术包括借助企业主管部门的权威向企业施压、借助政府多个部门的权威向劳动者施压、借助多部门力量协调、借力提供多种支持（见表6－8）。

表6－8　　　　　　　集体争议调解策略的内涵和具体技术

集体争议调解策略	内涵	特征	具体调解技术
程序策略	根据调解基本程序要求实施的策略	非权变策略	确定争议的焦点及问题的优先顺序；调查争议的事实和原因；控制调解时间
情理策略	强调控制双方情绪，以理服人的策略	权变策略	提供情绪宣泄渠道；使用具有亲和力的语言；建议双方站在对方的立场换位思考
评估策略	依据法律法规对案件进行客观评估的策略	权变策略	劝说一方或双方改变不合理的期望；比较调解与仲裁可能的结果；建议双方权衡利弊
借力策略	借助多个部门的力量介入处理争议的策略	权变策略	借助企业主管部门的权威向企业施压；借助政府多个部门的权威向劳动者施压；借力协调；借力支持
分化策略	将劳动者集体拆分为单个个体而采取的策略	权变策略	根据劳动者的特点分组调解、与劳动者集体中的关键人物沟通；分批签订调解协议

（二）集体争议调解策略选择的影响因素及其内在机制

1. 调解情境的影响

由图6－1可知，调解情境影响调解代理人的策略选择。调解情境包含争议的特点和争议双方的特点，其中争议的特点主要包括争议性质和争议影响范围，争议双方的特点主要包括劳动者规模、劳动者采取的行动和企业性质。

首先，当调解代理人开始处理集体争议时，会对争议的特点做出判断，进而选择不同的调解策略。具体而言，当争议是权利争议，有明确的法律规定时，调解代理人会选择评估策略，评估调解的优势和仲裁的弊端，而当争议是利益争议时，由于涉及的是合理性诉求，没有可以遵照的法律法规，采用情理策略，通过劝说双方换位思考、互谅互让，促使双方达成和解；当事件的影响范围大时，仅靠调解代理机构（如劳动争议调解中心和劳动争议仲裁机构）难以快速化解争议，它们往往会寻求外部力量的帮助，如其他政府部门介入协调、提供各方面的支持或向劳资双方施加压力，而当事件影响范围较小时，则较少出现外部力量介入。

其次，争议双方的特点也会影响调解策略的选择。不同性质的企业对调解有不同的认知和期望。具体而言，国有企业的违法行为相对较少，更重视企业的形象和声誉，希望通过调解柔性处理冲突，属于长期导向，调解代理人更可能采用有亲和力的语言，劝说双方换位思考；民营企业更重视经济利益，以短期结果导向为主，通过预测调解和仲裁结果，评估仲裁的利弊，劝说其接受调解；外资企业对中国的调解认知程度不深，更认可仲裁、诉讼的结果，因此需要通过评估策略，解释调解和仲裁程序，分析各自的利弊，评估企业可能面临的风险来进行调解。

再次，劳动者特征也可以预测劳动者的行为，进而影响调解策略的选择。具体而言，当劳动者的人数较多时，如超过 30 人的大规模集体劳动争议时（劳动监察部门所指的"重大集体劳动争议"是指涉及劳动者 30 人以上的案件），调解代理人通常通过一些方式分化劳动者，如根据劳动者的特点分组调解、通过分批签订协议分化劳动者，或借助多个部门的力量共同化解争议；当劳动者采取集体行动时，如罢工、上访等，调解代理人会调动多个部门力量，通过向劳资双方施压等方式化解集体争议。

最后，无论处于怎样的调解情境，调解代理人在处理案件时，都会采用一定的程序策略，如确定争议的焦点及问题的优先顺序、背靠背沟通了解双方的底线等，因此程序策略是非权变策略，其他四种策略则是权变策略。

2. 调解代理人综合评估的决策过程

虽然调解的情境对于策略选择具有直接的驱动作用，但调解策略的选择是基于客观事实的决策过程，最终做出的策略选择是基于调解代理人综合评估后的决策。由图 6-1 可知，首先，调解的情境会影响调解代理人对于和解难度的判断和目标导向的选择。例如，当争议的性质为利益争议，影响范围较大时，由于缺乏法律标准，会加大和解的难度，考虑到争议的社会影响，调解代理人更快速地解决争议，以实现快速和解的结果为导向；而当争议的性质为权利争议，影响范围小时，由于有既定的法律法规，和解的难度较小，调解代理人更重视调解的过程，帮助劳资双方修复关系。又如，当劳动者规模较大，采取集体行动时，和解的难度较大，调解代理人更快速控制争议，以结果为导向；相反，当劳动者规模小，没有采取集体行动时，和解的难度较小，调解代理人更重视调解的过程，促进劳动关系的长期和谐稳定。

其次，基于对和解难度的判断和目标导向的偏好，调解代理人会采取相对应的调解策略，如图 6-2 所示。具体而言，主要有以下四种情形：（1）当劳资双方和解难度大，且重视调解过程，调解代理人采用分化策略，将劳动者分化成不同群体逐步调解；（2）当劳资双方和解难度大，且希望达到快速和解的结果时，调解代理人采用借力策略，联合多个政府部门的力量对双方施加压力或提供支持；（3）当劳资双方和解难度小，且属于过程导向时，调解代理人采用情理策略，疏导情绪，引导劳资双方换位思考，帮助劳资双方维系关系；（4）当劳资双方和解难度小，且更重视实现和解的结果时，调解代理人采用评估策略，劝说双方权衡利弊，接受调解的方案。综上所述，调解的情境会通过影响调解代理人对和解难度和目标导向的综合评估，进而影响策略选择。

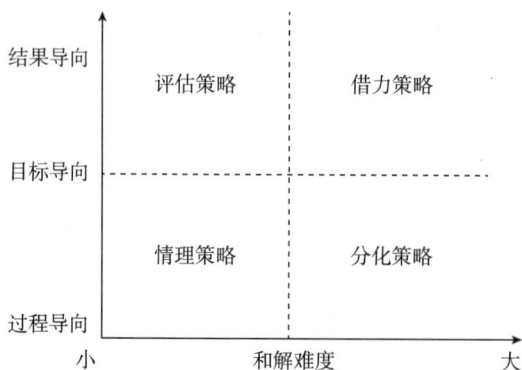

图6-2 基于调解代理人综合评估的调解策略选择

3. 调解代理机构类型的影响

如图6-1所示，调解代理人所在机构的类型会影响调解代理人综合评估后的策略选择。即使面对同样的调解情境，不同调解代理机构具有不同的策略偏好。具体而言，调解代理机构的类型会影响调解代理人的专业性、资源获取能力和行为习惯。首先，与劳动争议调解组织相比，劳动仲裁机构的专业性更强，使其更可能使用评估策略。由于劳动仲裁机构受理了大量的劳动争议案件，其工作人员的经验更丰富，专业素质和知识技能水平更高，对案件可能的调解、仲裁和诉讼结果有更专业的判断，进而促使其使用评估策略，分析调解和仲裁的利弊。其次，与劳动争议调解组织相比，劳动仲裁机构的资源获取能力更强，使其更可能使用借力策略。由于劳动仲裁机构属于劳动行政部门，相较于劳动争议调解组织，更容易获得政府其他部门的帮助。因而，在处理集体争议，尤其是重大集体争议时，更可能使用借力策略，快速地协调其他政府部门的资源，对劳资双方施加压力或提供相应的支持。最后，与劳动争议调解组织相比，劳动仲裁机构的争议处理行为习惯，使其更可能使用分化策略，而更少使用情理策略。例如，劳动仲裁机构在处理集体争议时的普遍做法是将集体案件拆分成个案处理，这种个别化的处理方式，使其更可能采用分化策略。而由于劳动争议调解组织的专业性和权威性较弱，经常使用教育、疏导、安抚等方式，因而更可能采用安抚双方情绪、劝说劳资双方相互理解的情理策略。

第二节　集体争议调解策略类型的实证研究

通过扎根理论的三级编码过程，本研究获得了我国集体争议调解的策略类型和策略选择的影响因素模型。本部分将进一步验证中国集体争议调解策略的分类，开发适合我国情境的集体争议调解策略测量工具。

一　问卷开发与调查取样

基于我国文化和制度情境的集体争议调解策略研究较少，集体争议调解策略的测量工具更是鲜有。为了探索我国集体争议调解策略的类型，本书经过扎根理论形成的高频次项目编制了初始问卷，并进行了预调研。在问卷编制阶段，本研究邀请一名博士研究生和一名人力资源管理专业教师对问卷的初始条目进行语义和内容效度审查。语义主要针对题目的表达方式，修正存在歧义和表达含糊的题项。内容效度主要关注问卷的题项是否能准确地反映测量的目的，删掉重复和关联性低的题项。

为了分别进行探索性因素分析和验证性因素分析，本研究先后进行了两次调查。第一组样本由 104 名调解员填写的问卷构成（包括工会调解员、律师调解员和仲裁调解员）。研究一共发放 130 份问卷，回收 115 份，回收率为 88.5%，剔除无效问卷 11 份，有效问卷 104 份，有效回收率为 90.4%。该部分问卷用于集体争议调解类型的探索性因素分析。从被调查人员的人口统计学信息看，女性占 59.6%，年龄 26—35 岁的占 64%，本科学历占 61.5%，硕士及以上学历占 26.9%，法律专业背景的调解员占 65.4%。第二组样本由 110 名调解员填写构成。共发放问卷 160 份，回收问卷 132 份，回收率为 82.5%，剔除无效问卷 22 份，有效问卷为 110 份，有效回收率为 83.3%。该部分数据用于集体争议调解策略类型的验证性因素分析。

从被调查者的人口统计学信息看，女性占60%，年龄26—35岁的占59.3%，本科学历占70.9%，硕士及以上学历占21.8%，法律专业背景的调解员占77.5%。

二　集体争议调解策略类型的实证验证

（一）探索性因素分析

本研究通过样本一的数据对集体争议调解策略类型进行探索性因素分析，我们将载荷量小于0.3的题目剔除，然后再进行探索性因素分析，最后剩余16个题目。每种调解技术的使用频率如表6-9所示。最终形成了五个因子，共解释变异量74.38%，分别为程序策略、情理策略、评估策略、分化策略和借力策略（如表6-10所示），印证了扎根理论得到的集体争议调解策略类型。

表6-9　　　　　　　　集体争议调解策略使用的总体平均值

调解技术	平均使用频率
1. 调查争议的事实和原因	4.40
2. 确定争议的焦点及问题的优先顺序	4.45
3. 控制调解时间	4.17
4. 使用具有亲和力的语言	4.33
5. 提供情绪宣泄渠道	4.43
6. 建议双方站在对方的立场换位思考	4.28
7. 外部支持	2.68
8. 外部协调	2.71
9. 借助企业主管部门的权威向企业施压	2.34
10. 借助政府多个部门的权威向劳动者施压	2.18
11. 与劳动者集体中的关键人物沟通	4.01
12. 根据劳动者的特点分组调解	3.90
13. 分批签订调解协议	4.05
14. 劝说一方或双方改变不合理的期望	4.20
15. 建议双方权衡利弊	4.37
16. 比较调解与仲裁诉讼	4.30

表 6 - 10　　　　　　　集体争议调解策略探索性因素分析结果

策略类型	系数	调解技术	因素 1	因素 2	因素 3	因素 4	因素 5
借力策略	0.860	借助企业主管部门的权威向企业施压	0.886				
		借助政府多个部门的权威向劳动者施压	0.875				
		外部协调	0.811				
		外部支持	0.756				
评估策略	0.854	比较调解与仲裁可能的结果		0.822			
		建议双方权衡利弊		0.796			
		劝说一方或双方改变不合理的期望		0.720			
情理策略	0.800	提供情绪宣泄渠道			0.815		
		使用具有亲和力的语言			0.807		
		建议双方站在对方的立场换位思考			0.785		
分化策略	0.796	根据劳动者的特点分组调解				0.787	
		分批签订调解协议				0.783	
		与劳动者集体中的关键人物沟通				0.637	
程序策略	0.728	确定争议的焦点及问题的优先顺序					0.841
		调查争议的事实和原因					0.791
		控制调解时间					0.541

（二）验证性因素分析

本书采用第二套样本对调解策略进行验证性因素分析。结果表明，探索性因素分析初始的五维度模型的拟合指标中的 NFI 较低。查看 MI 指数后，发现程序策略、情理策略、分化策略、借力策略中的测量条目存在一定相关性。通过修正 MI 指数，模型的拟合度得到很大的提升。从拟合指数看（见表 6 - 11），仅 *NFI* 稍低，为 0.878，

IFI、*TLI* 分别为 0.966 和 0.952，均大于 0.9，*RESEA* 为 0.056，小于 0.08，达到显著标准。因此，本书基于扎根理论构建的集体争议调解的五种策略得到验证。

表 6-11　　　集体争议调解策略结构方程模型验证性因子分析

模型	χ^2	df	χ^2/df	*NFI*	*IFI*	*TLI*	*RMSEA*
	119.844	89	1.347	0.878	0.966	0.952	0.056

三　集体争议调解策略的分类

综合探索性因素分析和验证性因素分析的结果，本研究发现集体争议调解策略由"五种类型，十六种调解技术"构成，五种调解策略类型分别是程序策略、情理策略、评估策略、分化策略、借力策略。其中，程序策略是指根据调解的基本程序要求实施的策略，旨在让争议双方了解调解程序的特点并了解争议的基本情况，具体调解技术包括确定争议的焦点及问题的优先顺序、调查争议的事实和原因、控制调解时间。这种策略的特点是不管在何种类型的案件中都会采用，属于调解的非权变策略。

与其相比，情理策略、评估策略、分化策略和借力策略是地方政府根据具体情境选择的策略，属于调解的权变策略。其中，情理策略是指不强调法律，而强调注重疏导双方的情绪，以理服人，具体的技术包括提供情绪宣泄渠道、使用具有亲和力的语言、建议双方站在对方的立场换位思考；评估策略是指依据法律法规对案件进行客观地评估，帮助双方寻找合理的方案，以促使双方达成和解，具体的技术包括劝说一方或双方改变不合理的期望、比较调解与仲裁的可能结果、建议双方权衡利弊；分化策略是指将劳动者群体拆分为更小规模的团体或单个个体而采取的策略，具体技术包括根据劳动者的特点分组调解、分批签订调解协议、与劳动者集体中的关键人物沟通；借力策略是指借助多个部门的力量介入处理争议的策略，具体的技术包括借助企业主管部门的权威向企业施压、借助政府多个部门的权威向劳动者施压、借助多部门力量协调、借力提供多种支持。

第三节　研究小结与讨论

本章采用扎根理论的研究方法，通过深入研究北京市劳动争议调解中心和劳动仲裁委员会调解劳资集体争议的过程，着重分析了地方政府集体争议调解的策略及其影响因素。研究发现地方政府集体争议调解策略包括程序策略、评估策略、情理策略、分化策略和借力策略，并构建了集体争议调解策略选择的影响因素模型。具体而言，调解的情境（包括争议的特点和争议双方的特点）会影响策略的选择；调解的情境通过影响调解代理人对和解难度和目标导向的综合评估，进而影响策略的选择；调解代理人所在机构的类型（劳动仲裁机构或劳动争议调解中心）影响其综合评估后的策略选择。在此基础上，通过问卷调查实证检验了集体争议调解策略的分类。

通过分别对我国个别争议和集体争议调解策略、我国与西方国家集体争议调解策略进行对比分析，能进一步说明情境、文化和制度差异会影响集体争议调解策略。首先，通过比较个别和集体争议调解的策略，发现两者存在三种类似的调解策略，即程序策略、情理策略和评估策略（见表 6 - 12）。具体而言，第一，程序策略在个别和集体争议调解过程中都属于非权变策略，主要目的都在于了解争议的基本信息、确定争议的焦点和问题的优先顺序，为后续的调解做准备，不同之处在于集体争议调解包含控制调解时间的技术。一些集体争议案件由于时间紧迫，需要快速解决，但也有一些案件调解员将拖延时间作为一种策略，目的在于减少在敏感时期的威胁，或者通过拖延使争议双方失去耐心而愿意听从调解员的意见作出让步。第二，两种类型的争议都使用了评估策略，通过分析可能的调解结果，建议双方权衡利弊，改变不合理的期望，这也是使用频率都较高的一种策略。第三，两种类型争议都有采用情理策略解决，但个别争议调解的情理策略主要突出调解员劝说双方考虑自己的面子、对方的面子、调解员的面子做出让步，而集体争议调解的情理策略较少涉及借助面子或维护面子,更侧重安抚稳定双方的情绪,取得争议双方的信任。第四,个别和集体争议调解策略的主要差异在于集体争议由于涉及人数多、影响范围大,而可能采取分化劳动者集体,并借助外部力量化解争议的策略,而个别争议调解较少借助外部力量,对于争议双方采用施压、教育的方式,促成双方达成和解。

表 6 – 12　　　我国个别和集体争议调解策略类型对比

个别争议调解策略	具体调解技术	集体争议调解策略	具体调解技术
程序策略	了解双方发生争议之前的冲突情况;确定争议的焦点及问题的优先顺序;收集双方的基本信息并询问证据材料;询问争议的事实和原因	程序策略	确定争议的焦点及问题的优先顺序;调查争议的事实和原因;控制调解时间
情理策略	用当事人熟悉的语言表达、建议双方站在对方的立场换位思考、劝说双方考虑对方的面子做出让步、劝说双方考虑调解员的面子做出让步	情理策略	提供情绪宣泄渠道;使用具有亲和力的语言;建议双方站在对方的立场换位思考
评估策略	劝说一方或双方改变不合理的期望;比较调解与仲裁的可能结果;建议双方权衡利弊	评估策略	劝说一方或双方改变不合理的期望;比较调解与仲裁可能的结果;建议双方权衡利弊
教育策略	批评企业的强硬态度或违法行为、批评劳动者的不合法诉求或不合理期望、提醒劳动者和企业长远考虑问题	借力策略	借助企业主管部门的权威向企业施压;借助政府多个部门的权威向劳动者施压;外部协调;外部支持
施压策略	针对劳动者的证据漏洞和不合法诉求促使劳动者让步、针对企业的证据漏洞和违法行为向企业施压	分化策略	根据劳动者的特点分组调解;与劳动者集体中的关键人物沟通;分批签订调解协议

其次,通过对我国集体争议和国外集体争议调解策略的对比(见表 6 – 13),我们发现在程序策略、情理策略和评估策略上有相似之处,

表 6 – 13　　　　　　　　中西方集体争议调解策略类型对比

	要点	具体说明
新的策略分类	五大调解策略、十六种调解技术	本研究构建的中国集体争议调解策略与西方的调解策略分类不同，其中包含"分化策略"和"借力策略"，体现中国重视和谐、维护社会稳定、集体劳动争议处理制度不健全等特点
新的策略类型	分化策略	不同于西方的集体争议，劳动者是由工会组织与企业进行谈判，中国的劳动者往往绕开工会，劳动者内部结构并不稳定。中国传统的"维护社会和谐稳定"的观念，加上集体争议处理制度不健全，导致调解的策略是化整为零，将劳动者集体化解为单独的个体，来瓦解劳动者团体的力量。这反映了中国集体争议处理制度的不健全和国家重视和谐稳定的思想
	借力策略	在案件影响范围较大时，西方国家有强制调解制度，而中国集体争议调解由于没有专门的处理机构，出现多个部门联动调解现象。政府为了维护社会稳定，提供就业、资金支持，或施加压力，促使双方和解

如程序策略与 Kochan 和 Jick 提出的非权变策略类似[①]，评估策略与 Wall 等分析的评估策略类似[②]，情理策略与 Lim 和 Carnevale 提出的实质性维护颜面有相似之处。[③] 不同于西方的集体争议调解策略，我国的集体争议调解策略还包括分化策略和借力策略，两者存在差异的主要原因在于文化和制度的差异。首先，我国更重视和谐稳定，一旦出现集体争议，倾向于通过各种方式将集体化解为个体。借助外部力量，如政府多个部门的权威施加压力、提供支持和帮助，体现了中国的高权力距离，劳资双方都更相信政府权威。其次，由于我国集体争议处理制度不健全，一方面劳动者没有通过工会组织与企业谈判，劳

---

① Kochan T A and Jick T, "The public sector mediation process: A theory and empirical examination", *Journal of Conflict Resolution*, Vol. 22, No. 2, 1978, pp. 209 – 240.

② Wall Jr J A, Dunne T C and Chan - Serafin S, "The effects of neutral, evaluative, and pressing mediator strategies", *Conflict Resolution Quarterly*, Vol. 29, No. 2, 2011, pp. 127 – 150.

③ Lim R G and Carnevale P J, "Contingencies in the mediation of disputes", *Journal of Personality and Social Psychology*, Vol. 58, No. 2, 1990, pp. 259 – 272.

动者团体结构松散，使分化策略的实施存在可能性，另一方面由于缺乏专门的集体争议调解机构，工会调解员或仲裁调解员在处理集体争议时，往往采取联动的方式，借助其他部门的资源，共同调解争议。

最后，集体争议和个别争议策略的影响因素研究结果表明，两者在影响因素的主要维度上是一致的，都受到争议特征、争议双方特征的影响，调解员的综合评估是重要的作用机制，同时还受到调解员特征的影响。然而，在各个维度的具体因素上，集体和个别争议调解策略的影响因素存在差异，如调解员在处理集体争议时，关注的争议特征是争议的性质、事件的影响范围，以及劳动者的规模、劳动者是否采取集体行动，而在个别争议处理过程中，关注的是冲突的程度和劳动者诉求的合法性，以及劳动者的性别、年龄等因素。

第七章　集体争议调解策略的效果评估

本书第四章、第六章通过扎根理论发现我国个别争议和集体争议的调解策略并进行了实证检验。我们发现调解员在处理个别争议和集体争议时使用不同的策略，个别争议主要使用施压策略、教育策略、评估策略、情理策略，集体争议主要使用借力策略、分化策略、评估策略、情理策略。第五章分析了个别争议调解不同策略的短期效果、长期效果和满意度。本章旨在探索集体争议调解不同策略的效果。

第一节　研究假设

一　集体争议调解的情理策略

集体争议调解的情理策略与个别争议调解的情理策略有一定的差异，前者偏重于调解员劝说双方考虑对方的面子和调解员的面子、维护自己的面子，通过调解解决争议，而后者更侧重于安抚劳动者集体的情绪，避免劳动者产生过激的行为，通过有亲和力的语言建立双方对调解员的信任，并劝说双方换位思考。

集体争议调解的情理策略，类似于西方学者提出的反射性策略，如调解员使用幽默的语言缓解氛围，建立与争议双方的信任关系，以获得争议双方对调解的认可，产生对于调解员和调解过程的信任，促进双方的沟通。[1] 有研究发现使用让双方信任调解员的策略，能通过

---

① Kressel K, *Labor Mediation: An Exploratory Survey*, Alban. NY: Assoc. Labor Mediation Agencies, 1972.

建立对争议双方调解过程的信任进而提高对调解的接受度，有利于双方实现和解。[①] 在组织情境中，信任的作用也得到了学者的验证。[②] 当企业和劳动者发生集体争议时，由于涉及劳动者人数多，劳动者的情绪容易相互影响，极易产生相对激进的行为。而提供情绪宣泄渠道，让劳动者恢复平静，并理性地对待与企业的争议是化解集体争议的关键。因此，集体争议调解的情理策略对短期内达成和解具有积极的作用。同时，通过帮助双方学会换位思考，建立同理心，能促使企业和劳动者改善沟通方式，有利于企业的长远发展和劳动者利益的维护，因此对调解的长期效果有积极影响。当双方对调解员产生信任，并且能换位思考时，能更好地实现调解的结果，如感受到双方对调解员的信任，达成调解员的目标和需求，也能提高争议双方对调解的满意度。据此，我们提出以下假设：

假设 1a：情理策略与集体争议调解的短期效果正相关；

假设 1b：情理策略与集体争议调解的长期效果正相关；

假设 1c：情理策略与集体争议调解的满意度正相关。

二 集体争议调解的评估策略

集体争议调解的评估策略是由调解员通过评估调解与仲裁、诉讼的优势和劣势，或者根据过去的经验预测可能的仲裁和诉讼结果，建议双方权衡利弊之后，做出一些让步达成和解。集体争议案件的处理结果不仅关系到争议双方的利益，还会对周边其他企业或同行业的其他企业产生影响，因此调解员在评估利弊时，不仅需要考虑该案件的结果以及企业是否能够有能力履行调解协议，还需要评估可能产生的社会影响。

大部分研究发现评估策略与调解的成功正相关。例如有研究发现，发生集体争议时，调解员对案件进行评估后的建议对于企业和劳

---

① Kressel K and Pruitt D G, "Themes in the mediation of social conflict", *Journal of Social Issues*, Vol. 41, 1985, pp. 179 – 198.

② Kramer R M, "Trust and Distrust in Organizations: Emerging Perspectives, Enduring Questions", *Annual Review of Psychology*, Vol. 50, 1999, pp. 569 – 598.

动者双方都是有帮助的。① 在冲突水平较高的情况下，实质性地帮助双方评估调解的利弊与和解是正相关的。② 一般而言，集体争议本身的冲突水平比个别争议高，且双方在冲突水平较高时才会寻求外部第三方的调解。③ 因此，我们认为当劳动者集体与企业发生争议时，劳动者的谈判力量增强。调解员与企业一方评估调解的优势时，更强调快速解决争议对企业生产经营的帮助，企业在劳动者的潜在威胁和调解员对于不和解的风险评估之后，容易做出让步达成和解。调解员与劳动者一方评估调解的优势时，强调通过调解能加速争议的解决，更快实现权利的救济或利益的争取，劳动者也能接受适当的让步以快速和解。同时，通过利弊评估之后达成和解，能促进企业完善管理制度，提升劳动者的权利维护意识，有利于维护劳动关系的和谐稳定。此外，由双方自我评估后自主决定的和解方案，双方的满意度更高，调解员维护社会稳定和劳动者权益的目标得以实现。据此，我们提出以下假设：

假设2a：评估策略与集体争议调解的短期效果正相关；

假设2b：评估策略与集体争议调解的长期效果正相关；

假设2c：评估策略与集体争议调解的满意度正相关。

三　集体争议调解的分化策略

集体争议调解的分化策略是指调解员将劳动者集体分化成不同类型、不同特征个体的组合，分别进行沟通，分批签订和履行协议的过程。不同于国外集体争议是由工会代表工人与企业方进行集体谈判，在我国的集体争议中，劳动者通常绕过工会，自发组织集体行动或直接提起集体争议的仲裁诉讼。④

---

① Posthuma R A, "Mediator effectiveness: The negotiator's perspective", *Journal of Alternative Dispute Resolution in Employment*, Vol. 3, No. 1, 2000, pp. 59 – 63.

② Lim R G and Carnevale P J, "Contingencies in the mediation of disputes", *Journal of Personality and Social Psychology*, Vol. 58, No. 2, 1990, pp. 259 – 272.

③ Billikopf – Encina and Gregorio, "Contributions of Caucusing and Pre – Caucusing to Mediation", *Group Facilitation: A Research and Applications Journal*, Vol. 4, 2002, pp. 3 – 11.

④ 程延园、谢鹏鑫、王甫希：《我国集体争议处理制度：特点、问题与机制创新》，《中国人民大学学报》2015年第4期。

尽管《劳动争议调解仲裁法》规定了劳动者人数超过十人，有共同诉求时，可以推举代表参加调解、仲裁或诉讼，但在实际处理争议的过程中，经常出现调解员、仲裁员或法官将原本集体的诉讼拆分成个别争议的案件处理。在对调解员的访谈中，多名调解员提到，"集体争议调解的关键就是一定要将集体案件化解为个体案件，可以由劳动者选举代表，也可以根据劳动者的特点划分成多个组分组调解，或者找到案件中的关键人物，最终要将劳动者集体化解成个体"。由于将劳动者集体拆分成小群体或个体后，能较快地分散劳动者的集体力量，针对不同类型的劳动者采用不同的处理方式，对于双方实现短期的和解有一定的积极作用。然而，这种策略的后果是表面上减少了工人集体行动的风险，但实际上侵害了当事人的诉权选择，其结果可能迫使劳动者绕过体制内途径而采取体制外的方式解决。[①] 从长远看，对双方的沟通和改进没有实质性的帮助，不利于劳动关系的和谐稳定。同时，劳动者因为力量受到分化而可能出现内部矛盾，导致对调解产生不满情绪。据此，我们提出以下假设：

假设 3a：分化策略与集体争议调解的短期效果正相关；

假设 3b：分化策略与集体争议调解的长期效果负相关；

假设 3c：分化策略与集体争议调解的满意度负相关。

四　集体争议调解的借力策略

集体争议调解的借力策略是指调解员借助外部的力量，如借助劳动监察、司法部门、公安部门的力量共同协调解决集体劳动争议，如借助外部力量向争议双方施加压力，要求双方做出让步，借助外部力量提供资金支持、就业支持、法律支持等。我国集体争议的现状是"大闹大解决，小闹小解决"，劳动者希望通过采取一些集体行动倒逼政府部门介入处理。[②] 政府部门介入后，会影响劳资谈判的力量。一方面，集体争议因为人数增加，采取一些行动之后，本身对企业的威

---

① 常凯：《我国劳资集体争议的法律规制体系建构研究》，《南京大学学报》（哲学·人文科学·社会科学）2017 年第 5 期。

② 杨欣：《我国集体劳动争议处理法治模式及其选择——以利益性争议为关注》，《广东行政学院学报》2012 年第 12 期。

慑力增强；另一方面，政府部门的维稳目标，促使其向企业方施加压力，让争议双方的力量相对平衡。[①] 当企业方因为经营困难，确实难以履行对劳动者的义务时，政府部门为了化解争议，可能会给企业提供短期的过渡资金，帮助企业化解争议，恢复生产。如果出现大范围裁员现象，劳动者的就业能力较弱时，政府部门也可能提供一些就业机会支持，帮助劳动者渡过难关。这些外部力量的介入，会促使双方更快的实现和解。同时，借力策略会产生较好的长期效果，如帮助劳动者的再就业，帮助企业恢复生产经营，改善争议双方的关系，因而争议双方和调解员的目标都能较好地实现。据此，我们提出以下假设：

假设4a：借力策略与集体争议调解的短期效果正相关；

假设4b：借力策略与集体争议调解的长期效果正相关；

假设4c：借力策略与集体争议调解的满意度正相关。

五　集体争议不同调解策略的效果比较

通过对以往研究的回顾，我们发现由于集体争议更为复杂，调解员在调解的过程中可能同时使用多种策略，或者在不同的阶段使用不同的策略。因此，在分析单一调解策略的效果后，有必要进一步分析不同调解策略对调解效果的贡献程度。

首先，评估策略和借力策略是以实现双方和解的实质性结果为导向，调解员通过分析调解的利弊，判断案件可能的结果，促使双方改变原有的立场，达成和解协议，或者通过借助政府多个部门的力量协调劳资双方的关系，并提供相应的支持，以促使劳资双方化解争议。

其次，情理策略和分化策略更注重调解的过程，通过提供当事人情绪宣泄的渠道，劝说双方考虑对方的立场，发现各自存在的问题，促使双方各自做出让步，或将劳动者群体分化成个体，减少调解的难度，这两种策略对调解实质性结果的影响弱于评估策略和借力策略。因此，对于调解的短期和长期效果，评估策略和借力策略的效果优于

---

① 程延园、谢鹏鑫、周静、冯娇娇、王甫希、王媛媛：《地方政府介入集体劳动争议的策略及其影响因素——基于北京市的典型案例》，《中国劳动关系学院学报》2016年第3期。

情理策略和分化策略。

再次，评估策略是通过对案件采用不同的处理方式的利弊进行分析和评估，降低双方的期望值，进而促使双方和解；借力策略能通过借助外部力量的施压、支持或协调促使双方调解，但这需要投入更多的时间和资源，其短期效果弱于评估策略。但借力策略由于能借助政府多个部门的力量协调资源，尤其是在企业和劳动者出现一些实际困难时，可以提供资金支持或就业机会的支持，对于和解后双方长期的发展和劳动关系的稳定具有更好的效果，因而借力策略的长期效果优于评估策略。

最后，情理策略通过提供情绪宣泄的渠道，使用有亲和力的语言，劝说双方考虑对方的立场，比利用劳动者集体组织性较弱的特点将群体分化为小组或个体的分化策略，更能促使双方接受调解，也更能改善双方的沟通模式，维护双方长期的劳动关系。基于上述论述，提出如下假设：

假设5：评估策略、借力策略、情理策略、分化策略对调解的短期效果的解释力依次递减。

假设6：借力策略、评估策略、情理策略、分化策略对调解的长期效果的解释力依次递减。

从四种策略对调解满意度的影响来看，情理策略和借力策略的满意度优于评估策略和分化策略。一般而言，集体争议中劳动者很容易因为群体情绪的爆发而采取集体行动，因而特别需要情绪宣泄的渠道。此时，调解员对劳动者情绪的安抚和关心，能对提高调解的满意度产生非常积极的影响。同时，集体争议中的劳动者希望通过集体行动等方式，倒逼政府介入协调劳资双方的关系。调解员借助政府多个部门的力量为争议双方搭建劳资谈判的平台，并提供多方的支持，能有效提高调解的满意度。评估策略是帮助双方分析利弊，争议双方自己做出评判和选择，争议双方的面子得到了较好的维护，因而也能提高调解的满意度；而分化策略采用劳动者群体的个体化方式，容易激发劳动者的不满，因而降低调解的满意度。基于上述论述，提出如下假设：

假设 7：情理策略、借力策略、评估策略、分化策略对调解的满意度的解释力依次递减。

第二节　研究方法

一　数据来源

为了验证提出的假设，本研究对调解员进行了问卷调查（见附录3）。调查共发放 280 份问卷，回收 225 份问卷，问卷回收率为80.4%。剔除无效问卷 49 份，共剩下有效问卷 176 份，有效回收率为 78.2%。调解员主要来自北京市，占 85%，其他各省市共占 15%。从被调查人员的人口统计学信息看，女性占 62.5%，年龄 26—35 岁的占 66.5%，本科学历的占 70.9%，硕士及以上学历的占 25.1%，法律专业背景的调解员占 73.4%，仲裁调解员占 65.2%，律师调解员占 25.1%，工会调解员占 8.6%。调解员的经验年限为 3 年以内的占 22.7%，3—5 年的占 40.4%，5 年以上工作经验的占 36.9%。

二　变量测量

因变量的测量。调解效果的评估是在 Lim 和 Carnevale[①] 使用的调解效果评估量表基础上进行改进，共由 16 个题项组成。如"争议已解决""协议中没有模糊的描述"等，由调解员评价案件的调解效果，1—5 代表"非常不同意""比较不同意""一般""比较同意""非常同意"。

自变量的测量。集体争议调解策略也采用经过探索性因素分析和验证性因素分析后的量表，包括五种调解策略，即程序策略（3 个题项）、情理策略（3 个题项）、评估策略（3 个题项）、分化策略（3 个题项）、借力策略（4 个题项）。具体测量采用李克特 5 级量表，其中 1 = 从未使用，2 = 很少使用，3 = 偶尔使用，4 = 经常使用，5 = 最

---

① Lim R G and Carnevale P J, "Contingencies in the mediation of disputes", *Journal of Personality and Social Psychology*, Vol. 58, No. 2, 1990, pp. 259 – 272.

常使用。

控制变量的测量。我们将可能影响调解效果的一些争议特征，如案件涉及总金额、争议性质、事件影响范围作为控制变量。

三 实证方法

本书首先采用回归分析法，分别分析每一种调解策略对调解效果的影响，再进行优势比较分析，比较不同策略的效果大小。为了降低实证分析过程中可能产生的共同方法偏差，研究在问卷调查时采用匿名的方式，参与调查的调解员不需要提供个人信息；在问卷中设计了反向题项；关于调解情境的信息主要是客观信息，可以减少主观因素的影响；在题项的顺序上采用随机的方式，减少被调查者的猜测因素。

第三节　研究结果

一　信度和效度分析

首先，对集体争议调解效果的量表进行信度检验，KMO 值为 0.911，通过 Bartlett 球形检验。其次，对集体争议调解效果的量表进行结构效度检验。探索性因素分析发现调解效果可以由三个维度来衡量，分别是短期效果、长期效果、调解满意度，三个因素的总解释方差为 73.04%，各个维度的 α 系数都超过 0.7（如表 7-1 所示）。

表 7-1　　集体争议调解效果的探索性因素分析结果

维度	系数	条目	因素1	因素2	因素3	均值	标准差
短期效果	0.917	总体是成功的	0.853			4.17	1.04
		达成了互利互惠的协议	0.871			4.04	1.07
		争议已经解决	0.807			4.03	1.12
		在合理的时间内解决了争议	0.788			4.07	1.08
		协议中没有模糊的	0.748			4.15	1.06
		争议问题的数量减少	0.627			3.81	1.12

续表

维度	系数	条目	因素1	因素2	因素3	均值	标准差
长期效果	0.879	对劳动者进行了良好的普法教育		0.877		4.01	0.99
		对企业规范管理行为产生积极作用		0.826		4.04	1.02
		维护当地劳动关系的和谐稳定		0.775		4.12	0.96
		双方学会了沟通		0.622		3.68	1.1
调解满意度	0.891	感受到双方对调解员的信任			0.825	4.09	0.89
		调解员的需求和目标得到满足			0.602	4.07	1.00
		双方对调解结果满意			0.661	4.02	1.03

二 相关分析

由表7-2可知，情理策略与短期效果、调解满意度正相关，评估策略与短期效果、长期效果、调解满意度正相关，分化策略与调解满意度正相关，借力策略与长期效果正相关。

表7-2　　　　集体争议调解策略与调解效果的相关分析

变量	Mean	SD	1	2	3	4	5	6	7
1 情理策略	4.29	1.15	1						
2 评估策略	4.20	0.69	0.176*	1					
3 分化策略	3.91	0.87	0.141	0.494**	1				
4 借力策略	3.39	0.55	−0.023	−0.021	0.133	1			
5 短期效果	4.04	0.90	0.213**	0.223**	0.104	0.049	1		
6 长期效果	3.97	0.87	0.149	0.175*	0.118	0.172*	0.689**	1	
7 调解满意度	4.06	0.89	0.254**	0.228**	0.173*	0.150	0.783**	0.822**	1

注：$*p < 0.05$；$**p < 0.01$；$***p < 0.001$。

三 回归分析与假设检验

采用多元回归分析对研究假设进行检验。根据表7-3，以短期效果作为因变量，引入案件涉及总金额、争议性质、事件影响范围作为控制变量，构建 Model1；在 Model1 基础上引入四种调解策略，构建 Model2，情理策略（$\beta = 0.187$，$p < 0.05$）、评估策略（$\beta = 0.274$，$p < 0.01$）、借力策略（$\beta = 0.253$，$p < 0.01$）对调解的短期效果产生正向影响，假设 1a、2a、4a 通过检验；分化策略（（$\beta = -0.08$，n. s）对调解的短期效果没有显著影响，假设 3a 未通过检验。为了检验假设 5，采用优势比较分析对四种策略对集体争议调解短期效果的解释力进行分解（表 7 - 4），结果表明，评估策略、借力策略、情理策略和分化策略分别占调解策略短期效果总解释力比重为 37.18%、33.97%、25.64%、3.21%，即评估策略 > 借力策略 > 情理策略 > 分化策略，H5 得到验证。

表 7 - 3　　不同调解策略对集体争议调解效果影响的回归分析

变量	短期效果		长期效果		调解满意度	
	Model1	Model2	Model3	Model4	Model5	Model6
涉及总金额	-0.254^* (0.000)	-0.329^{***} (0.000)	-0.22^* (0.000)	-0.29^{**} (0.000)	-0.159 (0.000)	-0.232^{**} (0.000)
争议性质	-0.162^{**} (0.209)	-0.175^* (0.193)	-0.252^{**} (0.209)	-0.274^{**} (0.199)	0.009 (0.220)	-0.015 (0.205)
事件影响范围	-0.118 (0.082)	-0.132 (0.076)	-0.005 (0.084)	-0.025 (0.080)	-0.151 (0.087)	-0.166^* (0.081)
情理策略		0.187^* (0.054)		0.114 (0.058)		0.216^{**} (0.059)
评估策略		0.274^{**} (0.114)		0.177 (0.121)		0.181^* (0.123)
分化策略		-0.08 (0.085)		0.004 (0.093)		0.047 (0.092)
借力策略		0.253^{**} (0.127)		0.266^{***} (0.133)		0.238^{**} (0.137)
Durbin - Watson		1.680		1.960		1.945
VIF	1.028 - 1.094	1.035 - 1.332	1.023 - 1.092	1.024 - 1.326	1.024 - 1.094	1.031 - 1.319

续表

变量	短期效果		长期效果		调解满意度	
	Model1	Model2	Model3	Model4	Model5	Model6
调整 R^2	0.085	0.222	0.076	0.166	0.019	0.154
△R^2		0.157 ***		0.113 ***		0.156 ***
N	139	139	139	139	166	166

注：*，$p<0.05$；**，$p<0.01$；***，$p<0.001$。

表 7 – 4　集体争议四种调解策略对调解短期效果的优势比较分析

方程中已包括的变量	R^2	$X1$	$X2$	$X3$	$X4$
—	0	0.047	0.063	0.009	0.049
$X1$（情理策略）	0.047	—	0.048	0.005	0.052
$X2$（评估策略）	0.063	0.032	—	0.000	0.054
$X3$（分化策略）	0.009	0.043	0.054	—	0.043
$X4$（借力策略）	0.049	0.05	0.07	0.005	—
$X1$、$X2$	0.095	—	—	0.001	0.055
$X1$、$X3$	0.052	—	0.043	—	0.047
$X1$、$X4$	0.099	—	0.053	0.002	—
$X2$、$X3$	0.063	0.032	—	—	0.057
$X2$、$X4$	0.12	0.033	—	0.004	—
$X3$、$X4$	0.054	0.047	0.069	—	—
$X1$、$X2$、$X3$	0.096	—	—	—	0.059
$X1$、$X2$、$X4$	0.152	—	—	0.005	—
$X1$、$X3$、$X4$	0.101	—	0.056	—	—
$X2$、$X3$、$X4$	0.123	0.034	—	—	—
$X1$、$X2$、$X3$、$X4$	0.157	—	—	—	—
对 R^2 的分解		0.04	0.058	0.005	0.053
在已预测方差中的百分比		25.64%	37.18%	3.21%	33.97%

　　根据表 7 – 3，以长期效果作为因变量，引入案件涉及总金额、争议性质、事件影响范围作为控制变量，构建 Model3；在 Model3 基础上引入四种调解策略，构建 Model4，情理策略（$\beta=0.114$，n. s）、评

估策略（$\beta=0.177$，n.s）、分化策略（$\beta=0.004$，n.s）对调解的长期效果的影响不显著，假设1b、2b、3b未通过检验；借力策略（$\beta=0.266$，$p<0.001$）对调解的长期效果产生显著正向影响，假设4b得到验证。为了检验假设6，采用优势比较分析对四种策略对集体争议调解长期效果的解释力进行分解（表7-5），结果表明，借力策略、评估策略、情理策略和分化策略分别占调解策略长期效果总解释力比重为50.98%、27.45%、14.71%、6.86%，即借力策略>评估策略>情理策略>分化策略，H6得到验证。

表7-5　集体争议四种调解策略对调解长期效果的优势比较分析

方程中已包括的变量	R^2	X1	X2	X3	X4
—	0	0.018	0.033	0.016	0.02
X1（情理策略）	0.018	—	0.027	0.014	0.064
X2（评估策略）	0.033	0.012	—	0.003	0.067
X3（分化策略）	0.016	0.016	0.02	—	0.054
X4（借力策略）	0.062	0.02	0.037	0.008	—
X1、X2	0.045	—	—	0.003	0.068
X1、X3	0.032	—	0.016	—	0.056
X1、X4	0.082	—	0.03	0.007	—
X2、X3	0.035	0.012	—	—	0.065
X2、X4	0.1	0.013	—	0.000	—
X3、X4	0.07	0.018	0.029	—	—
X1、X2、X3	0.047	—	—	—	0.065
X1、X2、X4	0.113	—	—	0.000	—
X1、X3、X4	0.089	—	0.024	—	—
X2、X3、X4	0.1	0.013	—	—	—
X1、X2、X3、X4	0.113	—	—	—	—
对R^2的分解		0.015	0.028	0.007	0.052
在已预测方差中的百分比		14.71%	27.45%	6.86%	50.98%

根据表7-3，以满意度作为因变量，引入案件涉及总金额、争议

性质、事件影响范围作为控制变量，构建 Model5；在 Model5 基础上加入四种调解策略，构建 Model6，情理策略（$\beta = 0.216$，$p < 0.01$）、评估策略（$\beta = 0.181$，$p < 0.05$）、借力策略（$\beta = 0.238$，$p < 0.001$）对调解满意度产生显著正向影响，假设 1c、2c、4c 通过检验；分化策略（$\beta = 0.047$，n.s）对调解满意度没有显著影响，假设 3c 未通过检验。为了检验假设 7，采用优势比较分析对四种策略对调解满意度的解释力进行分解（表 7－6），结果表明，情理策略、借力策略、评估策略和分化策略分别占调解满意度总解释力比重为 34.67%、33.33%、22.67%、9.33%，即情理策略 > 借力策略 > 评估策略 > 分化策略，H7 得到验证。

表 7－6　　集体争议四种调解策略对调解满意度的优势比较分析

方程中已包括的变量	R^2	X1	X2	X3	X4
—	0	0.06	0.045	0.029	0.056
X1（情理策略）	0.06	—	0.03	0.021	0.022
X2（评估策略）	0.045	0.048	—	0.008	0.057
X3（分化策略）	0.029	0.052	0.022		0.045
X4（借力策略）	0.056	0.061	0.055	0.022	—
X1、X2	0.093	—	—	0.006	0.058
X1、X3	0.081	—	0.015	—	0.048
X1、X4	0.117	—	0.038	0.014	—
X2、X3	0.053	0.046	—	—	0.051
X2、X4	0.108	0.046	—	0.003	—
X3、X4	0.078	0.054	0.034	—	—
X1、X2、X3	0.099	—	—	—	0.052
X1、X2、X4	0.154	—	—	0.002	—
X1、X3、X4	0.131	—	0.025	—	—
X2、X3、X4	0.111	0.045	—	—	—
X1、X2、X3、X4	0.156				
对 R^2 的分解		0.052	0.034	0.014	0.05
在已预测方差中的百分比		34.67%	22.67%	9.33%	33.33%

第四节　研究小结与讨论

　　本章主要研究了集体争议每种调解策略的效果，研究结果表明，集体争议调解的策略中，情理策略和评估策略对调解的短期效果和满意度产生积极的影响，对长期效果没有显著影响；分化策略对调解的短期效果、长期效果和满意度都没有产生显著的影响；借力策略对调解的短期效果、长期效果和满意度都产生积极的影响。同时，比较不同策略的解释力可以发现，评估策略、借力策略、情理策略、分化策略对调解短期效果的解释力依次递减；借力策略、评估策略、情理策略、分化策略对调解长期效果的解释力依次递减；情理策略、借力策略、评估策略、分化策略对调解满意度的解释力依次递减。

　　综上所述，借力策略的总体效果最佳，尽管在四种权变策略中，借力策略的使用频率较低，但对于调解的短期效果、长期效果和满意度都有积极影响。这说明借力策略虽然不常使用，但一旦调解员在一定情形下使用这种策略，如劳动者规模较大、采取集体行动、案件产生较大影响时，则该策略具有良好的效果。原因在于当劳动者规模较大时，对社会和谐稳定的威胁较大，单个调解员较难处理复杂的情形。同时，政府部门基于维护社会稳定的目标，也会积极主动地介入处理，调解代理人借助监察、司法、公安部门的力量，可以快速控制争议，向企业施加压力，促使双方快速达成和解。同时，也可以借助政府多个部门的力量为企业和劳动者提供资金和资源支持，有利于双方的长远发展。

　　而分化策略是调解员经常提及且使用频率较高的策略，但其调解效果并不理想。因为调解员将劳动者集体分化成具有共同特征的个体组合，通过分批签订协议的方式，分化劳动者团体，虽然可能促使双方达成和解协议，但劳动者由于受到分化而满意度降低，且对于双方长期关系的维系没有提供实质性的帮助。此外，情理策略和评估策略对调解的短期效果和满意度产生积极的影响，其中情理策略对调解满意度的解释力最高，评估策略对短期效果的解释力最高。原因在于情理策略给劳动者提供了情绪宣泄的渠道，安抚了劳动者的情绪，因而调解的满意度高；评估策略通过分析争议双方存在的问题，评估调解的利弊，能客观地帮助双方认识到调解的好处，促使达成和解协议，调解的短期效果显著。

据此，调解员在处理集体争议时，如果面对的是重大集体争议，可以选择借力策略，借助外部力量协调、施压、支持帮助双方达成和解；如果调解员关注双方短期的短期和解，则可以选择评估策略；如果希望提高调解的满意度，可以使用情理策略；但调解员应该慎重选择分化策略。

第八章 研究结论与展望

第一节 主要研究结论

第一，调解更适用于集体争议的处理，因为成功率更高，时间更短，劳动者的让步程度更低。争议的类型（个别争议/集体争议）会影响调解的结果，集体争议的调解时间比个别争议短，劳动者的让步程度小于个别争议。"以利益为基础"的处理方式并不总是最有效的，"以权利为基础"的处理方式适合处理违反法律、个人劳动合同等既定权利的争议①②，集体争议调解的时间效率和结果的公平程度高于个别争议，调解更适合处理集体争议。

第二，个别争议和集体争议调解策略存在差异，个别争议的调解策略包括程序策略、情理策略、评估策略、施压策略、教育策略，集体争议的调解策略包括程序策略、情理策略、评估策略、借力策略、分化策略。两种类型的争议调解都可能选择程序策略、评估策略、情理策略，前两种策略类似，但个别争议调解的情理策略突出调解员劝说双方考虑自己的面子、对方的面子、调解员的面子做出让步，而集体争议调解的情理策略较少涉及借助面子或维护面子，更侧重安抚稳定双方的情绪，取得争议双方的信任。个别和集体争议调解策略的主

① Ury W L, Brett J M and Goldberg S B, *Getting disputes resolved: Designing systems to cut the costs of conflict*, San Francisco, CA: Jossey - Bass, 1988.

② Bendersky C, "Organizational dispute resolution systems: A complementarities model", *Academy of Management Review*, Vol. 28, No. 4, 2003, pp. 643 - 656.

要差异在于集体争议可能采取分化劳动者集体，并借助外部力量化解争议的策略，而个别争议调解较少借助外部力量，对于争议双方采用施压、教育的方式，促成双方达成和解。

第三，个别和集体争议调解策略选择的影响因素模型既有相似之处，也存在一定的差异。首先，从总体结构上，个别和集体争议调解策略选择模型是相似的，都是由争议的特征、争议双方的特征影响调解员的综合判断，进而影响策略选择。调解员进行综合判断时，都考虑了和解的难度和调解的目标导向，且在策略选择中，程序策略都是非权变策略，其他四种策略为权变策略。其次，调解情境中具体的考虑因素不同。个别争议调解情境主要考虑争议的合法性、冲突程度、诉求内容，劳动者的性别、年龄，集体争议考虑的是争议性质、事件影响范围、劳动者的规模、是否采取行动。最后，在处理个别争议时，调解员的性别和身份会影响其综合评估后的策略选择；而在处理集体争议时，调解员综合评估后的策略选择主要受到其所在调解代理机构的性质的影响。

第四，不同调解策略的效果存在差异。个别争议调解的策略中，情理策略对长期效果和满意度产生积极的影响，对短期效果没有显著影响；评估策略对短期效果、长期效果和满意度都产生了积极的影响；教育策略对短期效果、长期效果和满意度都没有产生显著的影响；施压策略对长期效果和满意度都产生消极的影响，对短期效果没有显著影响。同时，比较不同策略对调解效果的解释力可以发现，评估策略、施压策略、情理策略、教育策略对调解短期效果和长期效果的解释力依次递减；评估策略、情理策略、施压策略、教育策略对调解满意度的解释力依次递减。集体争议调解的策略中，情理策略和评估策略对调解的短期效果和满意度产生积极的影响，对调解的长期效果没有显著影响；分化策略对调解的短期效果、长期效果和满意度都没有产生显著的影响；借力策略对调解的短期效果、长期效果和满意度都产生积极的影响。同时，比较不同策略对调解效果的解释力可以发现，评估策略、借力策略、情理策略、分化策略对调解短期效果的解释力依次递减；借力策略、评估策略、情理策略、分化策略对调解长期效果的解释力依次递减；情理策略、借力策略、评估策略、分化策略对调解满意度的解释力依次递减。

第二节　理论贡献

第一，基于中国劳动争议调解制度背景下，不同类型争议调解效果的比较研究，可以弥补对调解制度的选择性和适用性方面的研究缺失。调解更适合处理集体争议，在处理集体争议时，调解的时间效率和结果的公平程度高于个别争议，这一结论回应了对于劳动争议调解效果的争论。一些学者提出，调解有不同于仲裁和诉讼的优势，主要体现在速度快、灵活使用、经济成本低等方面，成为较好的替代性纠纷解决方式①②。国家构建的大调解体系，将工会、仲裁机构、司法机构等多个部门联动起来，进一步强化了调解的作用。③ 然而，反对者认为劳资双方本质上存在不平等的地位，劳动者的谈判力量低于企业，因此通过调解难以维护合法权益。④ 劳动者需要做出较大的让步，才能实现和解。本研究的结论表明对于调解的有效性不能一概而论，对于不同类型的争议调解的效果不同。运用调解解决集体争议时，其快捷方便的特点更为凸显，且因劳动者谈判力量的增强，能较好地保护劳动者的合法权益。而对于个别争议，调解的时间优势受到了一定的抑制，且劳动者确实需要做出较大的让步才能实现和解。

第二，基于中国调解员的劳动争议调解研究可以拓展和补充具有中国特色的调解理论体系，探讨中国情境下劳动争议调解策略的内容和结构，能弥补基于中国文化情境的劳动争议调解策略研究的不足，促进以中国为主体的跨文化研究。具体而言，首先，我国与国外个别

---

① 崔玉隆：《劳动争议调解组织改进的探索》，《法制与社会》2010 年第 10 期。

② 苏力：《关于能动司法与大调解》，《中国法学》2010 年第 1 期。

③ 岳经纶、庄文嘉：《国家调解能力建设：中国劳动争议"大调解"体系的有效性与创新性》，《管理世界》2014 年第 8 期。

④ 蒋月：《我国人民法院应当设立劳动法庭》，《河北法学》2007 年第 11 期。

争议调解策略既有相似之处，也有一定的差异。如程序策略与 Kochan 和 Jick 提出的非权变策略类似①，都关注了解争议的问题和实现和解的潜在障碍。情理策略和教育策略可以归为 Bartunek 等提出的过程策略，评估策略和施压策略可以归为内容策略。② 但具体策略使用的技术和不同策略使用的频率上存在差异，可以反映出我国文化对调解策略的影响，如调解员的情理策略反映出中国的高权力距离和关系导向，调解员建议双方考虑自己的面子或维护双方各自的面子而做出让步。国外调解策略中提供维护颜面的机制主要是帮助争议双方维护颜面，较少涉及调解员运用自己的权力，要求双方考虑调解员的颜面来做出让步。此外，尽管都存在教育策略，但我国的调解员较少指导当事人学习解决争议的技术，而是对争议双方进行批评，通过教育策略来改变双方的期望值，而在西方国家最积极的调解员也很少直接批评教育当事人。其次，对集体争议调解策略类型的研究，发现了不同于国外集体争议调解的借力策略和分化策略，尤其是集体争议调解的策略，反映了中国文化和制度情境对调解策略的影响。(1) 中国重视和谐稳定的传统对冲突管理的方式产生影响。③ 一旦出现集体争议，倾向于通过各种方式将集体化解为个体。借助外部力量，如政府部门的权威施加压力、提供支持和帮助，体现了中国的高权力距离，劳资双方都更相信政府权威。(2) 由于我国集体争议处理制度不健全，一方面劳动者没有通过工会组织与企业谈判，劳动者团体结构松散，使得分化策略的实施存在可能性，另一方面，由于缺乏专门的集体争议调解机构，工会调解员或仲裁调解员在处理集体争议时，往往采取联动的方式，借助其他部门的资源和权威，共同调解争议。

第三，探讨个别争议和集体争议调解策略的差异及其策略选择的

① Kochan T A and Jick T, "The public sector mediation process: A theory and empirical examination", *Journal of Conflict Resolution*, Vol. 22, No. 2, 1978, pp. 209 – 240.

② Bartunek J M, Benton A A and Keys C B, "Third party intervention and the bargaining behavior of group representatives", *Journal of Conflict Resolution*, Vol. 19, 1975, pp. 532 – 557.

③ Chen G M, "The impact of harmony on Chinese conflict management", in Chen G M and Ma R, eds., *Chinese conflict management and resolution*, Westport, CT: Ablex, 2000, pp. 3 – 17.

影响因素，能为国内外学者进一步研究中国情境下的调解策略提供新的视角，进一步丰富调解权变理论，即劳动争议特点影响调解的行为和结果。同时，通过扎根理论，形成个别争议和集体争议调解策略，能将过去对于不同争议处理主体的行为涵盖在一个更具有普适性的理论框架中。个别和集体争议调解策略的主要差异在于集体争议可能采取分化劳动者集体，并借助外部力量化解争议的策略，而个别争议调解较少借助外部力量，对于争议双方采用施压、教育的方式，促成双方达成和解。此外，劳动争议调解策略选择影响因素模型的提出，将客观的情境因素与调解员主观的心理决策过程结合起来，提供了一个更具有解释力和普适性的理论框架，即争议的特征和当事人的特征通过影响调解员的综合评估，进而影响调解员的策略选择，而这一过程还受到调解员特征的影响。

第四，丰富和完善现有调解行为和效果的理论体系，能够有效推进调解策略测量工具的开发，为探索调解策略对效果影响的作用机制提供实证研究的基础。本书严格遵循扎根理论研究方法的步骤，提出个别和集体争议调解策略的分类，并进行实证检验后开发的劳动争议调解策略量表，能为未来劳动争议调解策略的实证研究奠定基础。

第五，调解策略和效果关系的研究弥补了调解策略的效果评估研究的不足，同时拓展了调解的权变理论，即并非所有调解策略在任何情境下都是有效的。如个别争议调解的策略中，情理策略对调解的长期效果和满意度产生积极的影响，对调解的短期效果没有显著影响；评估策略对调解的短期效果、长期效果和满意度都产生了积极的影响；教育策略对调解的短期效果、长期效果和满意度都没有产生显著的影响；施压策略对调解的长期效果和满意度都产生消极的影响，对调解的短期效果没有显著影响。集体争议调解的策略中，情理策略和评估策略对调解的短期效果和满意度产生积极的影响，对调解的长期效果没有显著影响；分化策略对调解的短期效果、长期效果和满意度都没有产生显著的影响；借力策略对调解的短期效果、长期效果和满意度都产生积极的影响。

第三节　实践启示

对于劳动争议调解策略和效果的研究具有突出的实践意义。首先，对个别争议和集体争议调解效果差异的检验能为当事人对调解制度的选择和结果的预期提供借鉴，并为调解员对调解的过程和结果判断提供依据。具体而言，从劳动者的角度看，当发生集体争议时，更适合选择调解的方式解决，效率更高，结果对自身更有利。从调解员的角度看，在处理个别争议时，由于劳动者处于相对弱势地位，如果劳动者的诉求合法，应该尽量帮助劳动者一方，减少法定权利的损失，或者建议劳动者进入仲裁程序。在处理集体争议时，选择调解方式处理的效果更优，劳动者和企业的谈判力量相对于个别争议中更平衡，调解对于双方都有较大的益处。

其次，对个别争议和集体争议调解策略及影响因素的研究有利于指导调解组织选择符合争议特点的调解制度和方法技巧。同时，为不同情境下调解策略的选择提供决策的依据和分析的框架。调解员在个别争议处理过程中，应更关注冲突的程度、劳动者诉求内容和合法性，以及劳动者的性别、企业性质等因素。当争议双方的冲突程度高，调解员可以采用施压策略；当诉求内容是利益诉求时，调解员可以考虑采用情理策略；当发生争议的企业为民营企业时，调解员可以考虑采用评估策略。在处理集体争议时，应更关注劳动者的规模、劳动者是否采取集体行动、企业的性质和诉求的内容。当劳动者规模较大时，调解员可以考虑采用借力策略、分化策略；当诉求内容是基本权利诉求时，调解员可以考虑采用评估策略；当发生争议的企业为国有企业时，调解员可以考虑采用情理策略。

再次，对调解效果的研究能够为调解组织进行效果评估提供操作方法和工具，有助于全面客观的评价调解的效果。过去对调解效果的评估主要关注是否达成和解，较少关注调解的长期效应、调解员和争议双方的满意度。本书提出的从调解的短期效果、长期效果和满意度三个方面评价调解的效果，能为调解组织提供更客观全面的评估工具。

最后，对于调解策略与效果关系的研究有助于调解组织在不同情境下，选择合适的调解策略，提升调解的效果。例如，个别争议的最优调解策略是评估策略，其短期效果、长期效果和满意度的影响都是最优的，但调解员应该慎重使用施压策略，减少施压策略的消极影响。调解员在处理集体争议时，如果面对的是重大集体劳动争议，应选择借力策略，借助外部力量协调、施压、支持帮助双方达成和解；如果调解员只关注双方短期的总体和解，可以选择评估策略；如果调解员关注调解的满意度，则使用情理策略是更有效的；调解员应该慎重选择分化策略，减少分化策略的消极影响。

第四节　研究局限与未来展望

尽管本书对我国劳动争议调解的策略和效果进行了探索性的研究，但还存在一定的局限性，需要未来进一步改进，主要表现在以下三个方面。

第一，本书使用扎根理论研究方法时，主要通过对调解员的观察、焦点小组访谈、深度访谈、问卷调查等方式收集数据，在研究过程中尽量实现数据的三角验证。但对于集体争议调解策略的扎根研究过程以访谈形式为主，难以直接观察处理过程，采用调解员回顾的方式可能存在一定的偏差。此外，集体争议的调解除了涉及调解员之外，还可能涉及其他政府多个部门，如监察部门、工会、司法局、公安局等，而对于这些主体的调查相对较为欠缺，可能导致还存在一些遗漏的集体争议调解策略。同时，质性研究部分的样本主要集中在北京市的劳动争议调解中心，各地的调解实践十分丰富，本书研究的结论能否推广到全国范围，需要进一步的验证。尽管实证研究的调查样本涵盖部分其他省市，但比例较小。未来应扩大样本的来源，收集更加丰富的不同类型的资料，进一步优化现有的模型。

第二，本书实证研究采用的调查问卷都由调解员填写，可能出现共同方法偏差。尽管调查问卷中很多涉及的是客观的案件信息、劳动者和企业信息，但是回溯性的调查方式仍然可能存在一定的偏差。由于在同一个时间点收集的横截面数据难以验证直接的因果关系，因此研究结论的可靠性需要进一步验证。同时，问卷调查的样本较少且以仲裁调解员为主，一方面是受限于调解员人群本身数量较少，问卷发放的难度较大；另一方面，调解员群体大多数以兼职为主，仲裁调解员相对较稳定，而其他工会调解员、律师调解员的流动性较大，难以获得调查机会。未来的研究可以在不同的时间点以不同的方式收集数据，如案件信息、劳动者和企业信息等客观数据通过档案资料收集，调解员的主观调解策略选择和调解效果的评估由调解员在调解结束后立即填写，调解员效果的评估增加劳动者和企业方的评估。

第三，本书提出了个别争议和集体争议的调解策略选择模型，但尚未进行实证检验。未来，可以采用问卷调查法、实验研究法，在控制其他因素的影响下，分析调解的具体情境因素如何影响调解员的综合评估，进而影响调解的策略选择。此外，由于本书进行的研究具有一定的探索性，发现了一些西方情境中没有出现的调解策略，如借力策略和分化策略等。在对这些调解策略影响调解效果的假设推导过程中，由于文献依据较少，一些假设的提出主要依据对调解员的访谈和观察结果，未来需要进一步加强假设的论证和对结果的解释。

附录1 个别争议调解开放性编码汇总

范畴	概念	资料来源	参考点	典型语句举例
争议的特点	诉求的内容	5	10	"法律要求的基本的工资、保险、年休假的问题，还是都容易得到法律支持，和企业方分析诉讼的利弊之后，双方容易达成和解。""对于经济赔偿金、双倍工资等有惩罚性的诉求，和劳动者讲道理，这不是工作应得的收入，理解企业的难处。"
	诉求的合法性	2	2	"一些员工在发生劳动争议后，不管有没有道理，把所有的诉求都写上去，而且有些是没有法律依据的漫天要价。需要逐条判断劳动者诉求的合法性和合理性，降低员工不合理的期望。"
	冲突程度	2	3	"如果双方过去关系紧张，调解时只能就事论事，分析问题，双方分别提出方案，看差距大不大；如果双方过去关系较好，可以强调让双方相互理解，共同作出让步。"
劳动者的特点	劳动者的性别	1	2	"申请人的性别可能会影响调解。男性一般比较强势理性，我们就会在气势上压过他们，主要分析利弊。遇到女性申请者，一般会采用比较有亲和力的语音，从心理和情感上让他们对调解产生认同。"
	劳动者的年龄	1	2	"和我们年龄差不多的，沟通起来比较顺畅。比我大很多的，可能我都没有接触过他提出的问题，会影响调解的效果。"

续表

范畴	概念	资料来源	参考点	典型语句举例
企业的特点	企业性质	9	12	"私营企业极端，或者很好调解，或者根本不接受；国企和外企都比较谨慎，国企的人和外企的人态度不同，外企考虑社会影响、政府对本身监管政策、是否会成为政府的监控对象，国企认为丢面子、损害形象，因此对国企、外企和私企采用不同的策略。如对国企施压，'这么好的公司还有人告'，以及判决公开对企业形象的负面影响。"
调解员的特点	调解员的身份	4	5	"我们律师调解员不像仲裁调解员那么有权威，主要还是基于对法律的了解和双方分析法律风险和调解的优势，劝说双方做出让步。"
	调解员的性别	3	4	"女性调解员比较有亲和力，可以拉近与当事人的心理距离，然后以情理感化当事人。男性调解员更有震慑力，通过解释法律、评估利弊，劝说双方让步。"
综合评估	判断和解的难度	6	10	"在疏导做调解的时候，就有预见性。这个案子在这里调，后边会怎么样，你会走多长时间，仲裁会不会受理。""我们会先判断案件难不难调，双方达成和解的可能性有多大。"
	调解员的目标导向	8	13	"如果想促成双方和解，我们就会花费更多的时间精力，劝说双方、向双方施加一定的压力。""如果觉得劳动者还有可能在企业继续工作，或双方还有可能有长期关系，我们就会尽量帮助双方沟通，修复关系。"
控制程序	解释劳动争议处理程序	5	10	"今天咱要是调不成就是仲裁开庭，我觉得仲裁你们这也构不成一裁终局，你们这金额也明显超了，然后就起诉，还有，任何一方不服还可以去法院，法院一审，一审再不行还可以二审，二审当然就是终审了。反正流程就是这样。"

范畴	概念	资料来源	参考点	典型语句举例
控制程序	解释调解流程	8	25	"你们先过来立案，立案以后先调解，同意调解了就要签立案前调解确认书。我们是律师调解员，是和区工会、法院、仲裁，就是这些系统裁决，然后联合，然后由我们做劳动调解案例，如果我们的调解 15 天之内争议调解书，就算结束。如果咱们达不成调解的一致，我们只能开庭，这时候我们再立案，给你们双方发开庭通知。"
	界定调解纪律原则	9	28	"这是调解。是在于你们，还是基于你们双方自愿的原则。你们要是不愿意掏这个钱，我不能替你们掏。"
	要求一方回避	9	20	"那现在大概这个情况我也了解了，我现在就分别和你们双方单独聊好吗？我现在先跟公司这方聊。待会我也会把情况再跟你讲。"
收集劳动者信息	工资情况	8	26	"你一个月的工资是多少钱？" "你说的是 126105，这是年收入吗？"
	工作岗位	7	26	"你当时在做什么工作？" "你的工种是什么啊？"
	工作时间	6	29	"你一共参加工作多少年了？" "工作年限和单位这边是怎么算的？"
	经济补偿金	1	5	"你是按照 N＋1 算的经济补偿金吗？" "经济补偿金是税前还是税后的？"
	劳动合同	5	8	"你们签过劳动合同吗？" "合同是什么时候签的啊？"
	入职离职时间	8	30	"你是什么时候入职，什么时候离职的？" "你是 2015 年 4 月离职的，是吗？"
	社会保险	4	6	"社会保险交没交，你知道吗？" "现在的社会保险是怎么交的？"
收集企业信息	企业代理人信息	2	12	"你在单位是任什么职务的？" "他是做什么的，是和你一个单位的吗？"
	企业管理制度	6	13	"按照公司的规定，她一年应该有多少天的法定年休假？" "你们的解雇方式是怎样的呢？"

范畴	概念	资料来源	参考点	典型语句举例
了解过去的关系和矛盾	询问过去争议解决的情况	1	20	"你们什么时候去解决了工资拖欠的问题？是谁帮你们解决的？" "当时有没有签那种法律性的东西？"
	询问企业代理人与劳动者的关系	2	2	"你们双方之前认识吗？是现在才认识的？"
	询问双方的前期矛盾	1	2	"你们之前有什么冲突吗？" "那过去有什么矛盾吗？"
分析争议	分析争议内容	9	18	"这些情况我也会跟她说的，因为现在的情况是有没有她自己心里非常清楚，如果不告诉我真实的信息，调解可能就很难进行下去了。"
	确定争议焦点	7	27	"现在的核心问题，一个是年限问题，一个是基数问题，是吗？" "你们这些问题，一个是加班费，一个是年休假，对吗？"
核实事实证据	要求一方或双方出示证据	10	53	"他说你今年入职的，你要想证明你2005年入职的，你有什么东西能证明吗？"
	与劳动者核实事实证据	11	41	"这个名字是你自己的签吗？" "谁给你开的证明，是单位开的吗？"
	与企业方核实事实证据	14	50	"其实这个工资基数的算法并没有明确规定到哪一步，所以她可能也掌握了这个信息，但你所有的员工都这么算的？"
掌握双方底线	询问当事人的调解意愿	5	14	"如果把第二个月、第三个月按照16元1小时给你们补上，你们同意吗？"
	询问当事人调解方案	10	60	"你觉得它这个事，你能拿多少钱解决？你有个数吗？" "如果能从调解的角度出发，你们最高能承受多少？"

续表

范畴	概念	资料来源	参考点	典型语句举例
传递信息	告知一方另一方的调解方案	9	28	"单位的意思是这样,奖金的事情单位认可,那个一共是五万多块钱,单位已经发给你了。如果调解顺利的话,他们愿意再给两个月的工资。"
	向一方传递另一方的调解意愿	6	14	"对呀,所以您今天就把这事儿给弄了,因为她们非常抵触,你知道吗?" "单位也是表了表态度,说也承认这个事儿是疏忽了,不是说不想和咱签合同。单位也是想和你调解。"
表达对双方的理解	表达对企业方的理解	1	1	"你今天是代表公司来的,公司的意思我也大概明白了。我知道今天这个问题即使解决不了,你也应该对公司有个交代。"
	表达对劳动者的同情理解	5	10	"我知道你是因为在这里工作时间长,所以觉得难以割舍,都可以理解。" "劳动者这边,公司干这么多年了,现在这样的情况,可能回家以后收入可能就少了,是不是,家里边也有媳妇,也有孩子。"
劝说双方换位思考	劝说劳动者理解企业的难处	3	5	"理解理解经理的难处,她想帮你们,但是你得拿出一个东西来,让她回去理直气壮地对公司说。"
	劝说企业方同情劳动者	2	2	"她在您公司那里工作了那么长时间,不管是感谢一下还是怎样,希望您能考虑。"
维护面子	强调维护双方的面子	3	5	"单位也没有让人家做出判决,因为考虑面子,最后是调的。" "要是给我点面子,你要多少钱?"
	希望双方考虑自己的面子	2	2	"如果您说这事儿,如果您说再加钱,那您就是难为我。我刚才都跟你们说了每个人再加200块钱同不同意,都说同意了,而且我也跟他说了,如果您又要改就是扇我的脸了。"
教育当事人	教育劳动者务实	3	5	"对,所以你就务实的态度,能拿到钱就行。"

续表

范畴	概念	资料来源	参考点	典型语句举例
教育当事人	提醒劳动者考虑未来的发展前景	2	4	"那你在单位怎么干？你不怕老板对你有意见？"
	提醒企业规范管理制度	2	3	"那这个也是给您提个醒，这个团队的薪酬起点，可能适当应该调整调整，虽然薪酬是保密制度的，但是谁可能都保不住，那这样就会造成问题。"
	指导企业代理人汇报方案	2	4	"所以回去跟你们老板说说，听见没有？以他这种说法，冒的风险性很大。"
	建议收集证据	2	3	"打官司打的就是证据，到法庭上光这么说没有用，我给你说就是提个醒。"
批评当事人	批评劳动者的行为	4	6	"你们这种说法也是不对的，你们是认为你们要多少公司就得给多少是吗？"
	批评企业的行为	3	20	"你又不是包工头，她又不是给你个人干活的，能这样吗？"
解释法律规定	保密协议	1	3	"保密协议这个你要打民事诉讼的话，会有一定难度。首先，你得认定什么是秘密。"
	工龄	1	3	"现在的工龄和以前的工龄概念不太一样，现在的工龄都是以交社保为准。"
	工时制度	2	5	"小时工是非全日制用工，必须经过有关部门的批准。" "工时分三种。第一种是标准工时，就是每天八小时上班，周六周日休息，第二种是综合工时，按月或按周。"
	工资	5	13	"试用期要支付最低工资标准的80%。" "首先看你的合同工资怎么约定，然后看你实际发放的工资是多少。"

范畴	概念	资料来源	参考点	典型语句举例
解释法律规定	加班费	4	10	"平常加班150%，休息日2倍，法定节假日3倍。" "加班费的话会有几个参考标准。第一个是他加了没加班。第二个是加班的时候，是按照咱们规章制度那一套。第三个就是他加班了之后有没有倒休，如果有倒休的话就没钱了。第四个是加班的时候你这个工资是不是已经发了。"
	解除劳动合同	9	20	"法律上有两种情况，一种是违法解除，一种是合法解除。"
	经济补偿金	7	9	"双方协商一致解除的情况下，企业也要支付经济补偿金。"
	劳动合同签订	6	9	"合同到期没续签的，超过一年视为签订无固定期限，如果没有超过，可以主张对方支付双倍工资进行不签合同的补偿。"
	社会保险	6	12	"企业有义务为员工缴纳社会保险，如果员工没有在上一家公司退出社保，企业应该书面通知员工，并说明后果，由员工签字确认。"
	休假	2	12	"年休假现在是这样，没休的话现在就让休了。甭管是补休或者直接休息，当年的肯定得休，去年的可以补休，再往前年的肯定就给人家钱了。"
解释法律执行情况		2	5	"咱们不要讨论为什么这么规定，咱们要说的是，在实际当中，各个公司包括司法仲裁诉讼当中怎么掌握这个情况的。"
评估利弊	分析诉讼的弊端	11	27	"诉讼的成本高，我说的是时间成本，好的话有可能三五个月，不然可能一年多。" "我是说你……就是说交完也在那儿正式上班了。这边开庭呢，也是要牵扯一定的精力。"
	强调调解的优势	8	15	"即便是仲裁也无法胜诉，不如通过调解和解，可能受益更大。"

续表

范畴	概念	资料来源	参考点	典型语句举例
预测结果	根据法律判断诉求是否能得到支持	14	50	"你要补偿金，但又说您是自己辞职走的，您自己辞职走的肯定没有补偿金了。"
	判断仲裁可能的结果	6	15	"这真不是无理要求。我刚才给你算了，仲裁裁决的话3700，我说这个数是绝对的，不会低于3700的。"
施加压力	威胁退出调解	4	12	"你别再这么说了，你要是这么说没法调解，你还是开庭吧！" "咱们这是调解，以解决问题为目的，如果闹这么僵，何必来调解呢？事情已经到了今天这个地步，是想立马拿到钱啊，还是想一个月后开庭？"
	针对劳动者的不合法行为诉求或证据漏洞施压	6	14	"你现在手头里没有证据证明他的违法性，要想要违法的辞退赔偿金，首先第一步你要证明他的违法性，这就是由你来提供的证据，你提供不出来他的违法性，那这个事情也证明不了，就会被驳回的。"
	针对企业的违法行为证据漏洞或向其施压	8	14	"合同合同没有，保险保险没有，人家可以随便拿出来一样可以作为临时工不干了，你就得给人家补偿。这是法律规定的，所以你这两千多块钱是跑不了，让你编，编你这个两千多块钱也跑不了。"

附录 2　集体争议调解开放性编码汇总

范畴	概念	资料来源	参考点	典型语句举例
争议的特点	争议性质	34	48	"因企业搬迁，员工不同意到新的工作地点工作，要求单位方支付双倍赔偿金，属于利益争议。"
	诉求的内容	33	37	"公司为摆脱困境单方出具'八条'解决方案（包括降低工资和延长工作时间等），引爆劳资争议，员工要求与公司解除劳动合同，同时要求支付 N＋1 倍经济补偿金、迟延支付工资的 25% 的经济补偿金、十三薪和提成。"
	事件的影响范围	16	23	"因不能达成一致意见，32 名员工遂堵住厂区大门，致使工厂运输原料及产品的车辆均不能通行，给企业生产造成很大影响。"
	冲突程度	14	17	"公司工作人员与工人在调解过程中对工作量、劳动者数量、工资数额问题上多次发生分歧，甚至发生过工人情绪过于激动，将该公司人员围堵在调解中心办公区的情形。"
劳动者的特点	劳动者采取的行动	21	28	"工人听到消息，直接堵在了项目部的简易工棚外，群情激愤，随时有发生冲突的可能。""集体罢工，包围工厂，要求见法人。"
	劳动者的规模	42	48	"工厂关厂了，涉及 260 人左右，177 个正式的，44 个派遣工。"
企业的特点	企业的性质	14	25	"现在大部分的劳动纠纷是出现在这些无照经营的小企业，那么针对这些企业咱们在说去运用相关的法律或者法规很困难的，那么只能说通过大量的实例去了解。""国企的角度，比较宽松好调。只要是法律规定的都能实施，职工有些什么比较尖锐点的要求，都能达到。"

续表

范畴	概念	资料来源	参考点	典型语句举例
企业的特点	企业行为的合法性	4	4	"对公司反复讲解法律知识，指出公司将部分工程劳务分包给 B 施工队，是一种违法行为。"
调解代理机构	代理机构的性质	4	5	"我们律师调解员不像仲裁调解员那么有权威，主要还是基于对法律的了解和双方分析法律风险和调解的优势，劝说双方做出让步。"
了解双方底线	与双方沟通	33	65	"为了防止冲突，调解员将双方分别安置在不同的调解室。先逐一听取了每个职工的诉求，然后又与企业单独沟通。"
	企业提出方案	10	13	"公司拿出了资金解决方案，现在辞退的员工每年补偿一月的工资，已签过补偿协议的员工每人每年再补偿450元。"
	劳动者提出诉求	5	6	"调解员找到了部分职工了解诉求，职工们表示由于年龄偏大（包括超过法定退休年龄）且多数不是本市户口，因此希望给予现金补偿。"
确定调解原则立场	确定立场	5	7	"我们必须时刻保持中立的立场，只有这样我们才能在用人单位和劳动者之间保持平衡。"
	明确目标	9	12	"维护区域的和谐稳定。" "维护员工权益的同时又不失照顾到了资方的难处和权益，并能够真正帮助他们化解劳资矛盾。"
	调解原则	2	2	"要对处于相对弱势地位的劳动者的权益保护，在合法的范围内予以适当倾斜，而且注意维护和保障用工单位的合法权益，贯彻'均衡保护，权责相适'的调解原则。"
分析争议	确定争议的焦点	9	16	"通过双方的陈述及提供的证据，调解员对事实进行了解，从中发现矛盾焦点。"

范畴	概念	资料来源	参考点	典型语句举例
分析争议	当事人的合法性	5	12	"了解企业在社保、工时、加班费、工资等各个方面具体的操作方式，哪些属于违法或者违约的操作。" "了解劳动者的诉求，哪些属于有证据支持，哪些属于劳动者基于对法律的误读或者其他。"
	核对事实和证据	22	28	"施工方提供了考勤记录，通过与工人代表填写的《劳动争议调解申请书》、身份证复印件及授权委托书等书面材料的详细核实，调解中心的工作人员确认42名申请人未领取工资的事实。"
时间控制	快速解决	8	8	"如果双方或者一方不着急，我们则需要创造条件加快调解的进展。" "第一时间掌握信息，员工的诉求他们第一手掌握，另外跟区总工会信息及时上报。对企业就是反映诉求及时到企业，搭好桥梁。"
	拖延	1	2	"敏感时期拖延时间，让劳动者选代表。" "如果双方着急解决，必要时，我们可以采取拖的方式，让各方让步。"
重点对象沟通	选取谈判代表	10	16	"我们首先组织双方当事人坐在一起，由于申请人人数众多，由申请人自行推荐调解代表，由代表或申请人与被申请人面对面的陈述事实。"
	与关键人物沟通	11	16	"通过职工家属、个别谈话等方式，做重点职工、重点人群的工作。" "每个集体方案都有核心人物，他们接受后，再让他们去做说服。"
分批解决	分组调解	12	19	"将劳动者根据部门、年龄、需求等不同分成不同的小组或群体，分别沟通，分别解决不同人群的问题。"
	分批签订协议	12	17	"对于可以达成协议的人，先行签订调解协议。" "先调解一批双方争议不大、数额较低的案件。"

续表

范畴	概念	资料来源	参考点	典型语句举例
分批解决	分批履行协议	4	4	"一个是案件涉及人员比较多，企业愿意给付赔偿的话，我们就采取分批分期的形式，对职工有一个保障，也减轻企业的负担。"
评估利弊	诉讼的弊端	4	5	"及时联系工程负责人，根据法律规定告知拖欠农民工薪资的法律责任，以及有可能承担的刑事责任，让企业对这个问题高度重视。"
评估利弊	调解的优势	3	3	"在调解的时候需要双方让步，要是双方都是互相针对，那就不叫调解了，调解总有一个让步的过程。企业节省经济成本，劳动者节省时间成本。在双方要求差距不太大的时候就问企业能不能及时给付，避免一裁两审这种程序。"
预测结果	根据经验判断可能的仲裁诉讼结果	2	2	"我们就利用收集到的案例，对照当事人的劳动争议，让当事人了解可能导致的法律后果，产生了非常好的效果。"
解释法律规定	解释劳动法律	17	22	"我们首先把员工请到会议室，耐心与员工解释《劳动合同法》关于企业支付经济补偿金及违法解除经济赔偿金的法律条件及法律适用。"
安抚情绪	提供情绪宣泄渠道	22	29	"C 区劳动争议调解中心极为重视，经过工作人员耐心的疏导和安抚，职工情绪渐渐平复。"
语言表达	用当事人能接受的语言沟通	11	14	"对双方动之以情、晓之以理，充分利用好情感武器和道德武器，往往能够取得意想不到的调解效果。" "我们通过街乡工会介入，介入后迅速地与企业工会取得联系，依靠企业工会的力量，先跟员工方迅速拉近距离，让劳方感受到我们是站在劳动者一方的角度为他们争取权益。"
获取信任	获取劳动者和企业的信任	5	8	"通过与资方代表的沟通取得他们的信任，让资方感受到虽然我们是代表工会来与资方协商的，但在维护员工权益的同时又不失照顾到了资方的难处和权益，并能够真正帮助他们化解劳资矛盾，使用人单位的危机得以平稳过渡。"

续表

范畴	概念	资料来源	参考点	典型语句举例
同理心	劝说双方相互理解	5	6	"采取同理心原则使双方在互谅互让的基础上，站在各自的角度上考虑问题，将自己的诉求合理的控制在双方能够接受的范围之内，最终达到企业和员工双赢的目的。" "主要是说服员工接受。因为企业都要关门了，虽然人力的经理也跟大家沟通，但是他也要走，大家利益点有共同的，完全靠企业解决是不行的。"
	劝说双方改变不合理期望	1	1	"一是对于'罢工'的基层员工，告知他们的维权方式存有问题，如果不及时改正，由此产生的所有不良结果要由自己来负担。"
借力施压	向劳动者施压	1	1	"在处理普通大众员工的时候，第一是注意对企业和劳动者都要恩威并施，对劳动者要有打压，告诉他法律如何规定的，对企业要让其考虑形象问题。"
	向企业施压	6	16	"建筑行业的拖欠工资，住建委的权力大，建筑公司听住建委的。"
外部协调	当地政府介入协调	4	6	"工会接到消息后，报给政府，拖欠工资的找人保局的监察大队。" "由工作人员向镇政府说明情况，请当地政府出面协调处理此事，当地政府立即派出主管部门领导到中心帮助协调处理，并及时查找到施工单位，最终确定施工单位为某公司。"
	多部门合力介入	11	30	"当时我们就紧急上报了开发区应急办，应急办通知工委和管委。然后又通知了信访办、公安局等。信访主要是传达和沟通，重点是现场情况的沟通。区工会调解是在一线对双方调解，包括了公安局也一起。"
	公安部维持秩序	7	9	"借助公安部门对职工进行排查摸底，掌握每个职工的情况。" "现场人太多，没有公安不好维持秩序。有些人借机发挥平时积怨，有的有其他企图，公安这个时候非常必要的。如果集体争议真的争议的是工资，这个可以谈，但是如果有其他企图，是我们不能控制的。"

续表

范畴	概念	资料来源	参考点	典型语句举例
外部协调	劳动保障部门解释政策	8	11	"仲裁负责在法律以内给职工、企业解释。""我们与仲裁配合去调解，一般情况下仲裁对政策有法律的宣讲，我们主要做调解工作。"
	媒体引导舆论	2	3	"《新京报》发表了第一篇追踪报道，全面、客观介绍了争议的发生原因、劳资双方观点，这是国内第一篇全面介绍这一争议事件的文章。文章被迅速转载，引起了读者的广泛关注。我们注意到，95%以上的网友通过微博、'我来说两句'来支持职工维护合法权益，为职工维权增强了信心。"
	区工会介入调解	8	11	"由工会首先介入，理由是：第一，工会地方大，拥有调解员和律师团队，人员配备充分；第二，工会能弱化员工的抵触情绪，之前很多次的调解经历告诉我们人保局监察大队、公安介入效果都不理想。"
外部支持	就业机会支持	2	3	"企业裁员时，政府提供再就业机会，召开专场招聘会等；对失业员工进行培训等。""我们这边还做了人员的安置，想办法协调同类型的企业，比如A公司与B公司，技术人员水平都相似，只是打破别人的招聘计划，做一些专场招聘会。"
	法律支持	1	1	"外资企业，尤其是涉外协商谈判，对于律师身份的要求很明确。尤其在这一事件处置过程中，情况复杂，涉及人权、外交、金融、外资企业管理等问题，远远超出了劳动法律的范畴。拥有一个强大的律师团队显得尤为重要。"
	资金支持	2	3	"企业经营困难，难以支付工资时。向政府部门借款。""与当地社保所沟通，企业是租赁的村里厂房，企业向村里借了200万，等搬迁后还钱给村里。解决资金之后，当天基本是一边发钱一边签约。"

附录3 劳动争议调解策略和效果调查问卷

尊敬的受访者:

您好!为了进一步加强专业性劳动争议调解工作,中国人民大学劳动人事学院课题组特邀您参加此项调查。感谢您在劳动争议调解工作中做出的贡献,您的回答将非常有助于完善劳动争议调解制度,提升劳动争议调解效果。请根据您处理的劳动争议案件的实际情况填写,我们将对您的回答严格保密。感谢您的支持,祝您工作顺利!生活愉快!

中国人民大学劳动人事学院课题组

一 您的基本信息

1. 性别:_____;2. 年龄:_____;3. 教育程度:_____;
4. 专业:_____;5. 调解经验:_____年

6. 身份:□律师调解员 □工会调解员 □仲裁调解员 □乡镇街道调解员 □其他

7. 平均每月调解案件数量:□10件以下 □11—20件 □21—30件 □31—40件 □40件以上

二 请您回顾时间最近的一次个别劳动争议案件的调解过程(成功或不成功皆可),根据该案件的实际情况回答以下问题。

1. 案件基本信息

(1)该案件发生在多少天之前?_____天

(2)劳动者性别:□男 □女

(3)劳动者年龄:□25岁以下 □26—35岁 □36—45岁 □46—55岁 □55岁以上

(4)诉求内容(可多选):□拖欠工资 □加班费 □经济补偿

金　□经济赔偿金　□年休假工资　□社会保险　□继续履行合同
□确认劳动关系　□其他

（5）申请金额：＿＿＿＿元

（6）您认为劳动者提出的请求□均不合法　□少数合法　□不确
定　□多数合法　□均合法

（7）企业性质：□国有企业　□民营企业　□外资企业　□集体
企业　□其他

（8）企业方出席人：□人力资源人员　□法务人员　□中层经理
□高层经理　□雇主自身　□其他

（9）企业方出席人是否具有直接决策权：□是　□否

（10）您认为当事人之间的冲突程度□非常低　□比较低　□一
般　□比较高　□非常高

（11）您认为双方达成和解的可能性

□可能性很小　□可能性比较小　□一般　□可能性比较大
□可能性很大

（12）您认为促成双方达成和解的价值

□非常低　□比较低　□一般　□比较高　□非常高

（13）您调解该案件的动机是（可多选）

□完成调解任务　□减轻仲裁或法院的工作量　□促进双方长期
发展　□改善双方关系　□帮助劳动者维权　□获得争议双方对自身
的认可　□其他

2. 调解策略：请您回顾调解过程中您使用的策略，根据实际情况
在相应的位置打"√"。1—5 代表从未使用、很少使用、偶尔使用、
经常使用、最常使用。

策略	从未使用	很少使用	偶尔使用	经常使用	最常使用
界定调解的范围和原则	1	2	3	4	5
询问争议的事实和原因	1	2	3	4	5
收集双方的基本信息并询问证据材料	1	2	3	4	5

策略	从未使用	很少使用	偶尔使用	经常使用	最常使用
确定争议的焦点及问题的优先顺序	1	2	3	4	5
了解双方发生争议之前的冲突情况	1	2	3	4	5
背靠背调解，分别与双方沟通，了解各方的底线	1	2	3	4	5
控制调解时间，快速解决或拖延解决	1	2	3	4	5
解释法律规定和依据	1	2	3	4	5
根据经验、判例等预测案件可能的仲裁结果	1	2	3	4	5
劝说一方或双方改变不合理的期望，做出让步	1	2	3	4	5
建议双方权衡利弊，分析成本收益	1	2	3	4	5
比较调解与仲裁、诉讼，说明调解的好处	1	2	3	4	5
疏导当事人的情绪	1	2	3	4	5
使用幽默解除紧张氛围	1	2	3	4	5
用当事人熟悉的语言表达	1	2	3	4	5
提醒企业改善管理制度，减少未来的管理风险	1	2	3	4	5
提醒劳动者长远地考虑问题，适当做出让步	1	2	3	4	5
强调换位思考，劝说一方理解另一方的难处	1	2	3	4	5
表达对当事人一方或双方的同情理解	1	2	3	4	5
劝说双方考虑调解员的面子做出让步	1	2	3	4	5
劝说双方考虑自己的面子和对方的面子做出让步	1	2	3	4	5
针对企业的违法行为，向企业施压，促使其让步	1	2	3	4	5
借助外部力量（如劳动监察等）促使企业让步	1	2	3	4	5
针对劳动者的不合法诉求和证据漏洞施压，促使其让步	1	2	3	4	5

3. 调解效果评估

（1）调解的时间周期：□3 天以内　□4—5 天　□6—7 天
□8—15 天　□15 天以上

（2）双方是否达成和解：□是　□否（未达成和解则跳答至第
（5）题）

（3）如果双方达成和解，最终的和解方案是　□劳动者的让步大

于企业　□双方让步程度相当　□劳动者的让步程度小于企业

（4）案件的结案方式：□撤诉　□直接履行　□制作调解协议书
□置换仲裁调解书　□其他

（5）请评价该案件的调解效果，1—5代表非常不同意、比较不
同意、一般、比较同意、非常同意，请根据案件的实际情况打"√"。

项目	非常 不同意	比较 不同意	一般	比较 同意	非常 同意
争议已经解决	1	2	3	4	5
协议中没有模糊的描述	1	2	3	4	5
达成了互利互惠的协议	1	2	3	4	5
总体是成功的	1	2	3	4	5
没有解决核心矛盾	1	2	3	4	5
争议问题的数量减少	1	2	3	4	5
在合理的时间内解决了争议	1	2	3	4	5
不会再有后续问题出现	1	2	3	4	5
双方的关系没有得到改善	1	2	3	4	5
双方学会了沟通	1	2	3	4	5
对企业规范管理行为产生积极作用	1	2	3	4	5
对劳动者进行了良好的普法教育	1	2	3	4	5
维护当地劳动关系的和谐稳定	1	2	3	4	5
感受到了双方对调解员的信任	1	2	3	4	5
双方对调解结果满意	1	2	3	4	5
调解员的需求和目标得到了满足	1	2	3	4	5

三　请您回顾时间最近的一次集体劳动争议的调解过程（劳动者
10人以上；成功或不成功皆可），根据该案件的实际情况回答问题。

1. 案件基本信息

（1）该案件发生在多少天之前？_____天；

（2）劳动者人数：_____人；

（3）劳动者的平均工作年限_____年；

（4）案件涉及总金额约：_____元

（5）劳动者的再就业能力：□很低　□较低　□一般　□较高
□很高

（6）劳动者采取的行动（可多选）：□罢工　□围堵厂门　□游
行　□上访　□堵路　□无行动　□其他_____

（7）引发争议的原因：□企业搬迁　□裁员　□股权转让　□拖
欠工资　□欠缴社保　□其他_____

（8）诉求内容（可多选）：□工资　□加班费　□经济补偿金
□经济赔偿金　□年休假工资　□社会保险　□继续履行合同　□确
认劳动关系　□其他_____

（9）争议性质：□权利争议（法律规定范围内的争议，如拖欠工
资、社会保险等）　□利益争议（超出法律规定的要求，如涨工资、
改善工作条件、要求高于法律标准的经济补偿金等）

（10）事件的影响范围：□很小　□较小　□一般　□较大
□很大

（11）企业性质：□国有企业　□民营企业　□外资企业　□集
体企业　□机关事业单位　□其他

（12）企业文化类型：□民主型（决策管理民主化）　□专权型
（权力集中，个人决策占主导地位）　□伦理型（推崇人与企业、人
与人的相互融洽）　□制度型（以制度约束企业员工的行为）

（13）案件来源：□劳动者申请调解　□企业申请调解　□调解
组织主动介入　□仲裁或法院转案　□其他

（14）您认为双方达成和解的可能性　□可能性很小　□可能性
比较小　□一般　□可能性比较大　□可能性很大

（15）您认为促成双方达成和解的价值？□非常低　□比较低
□一般　□比较高　□非常高

（16）您调解该案件的动机是（可多选）□完成调解任务　□减
轻仲裁或法院的工作量　□促进双方长期发展　□改善双方关系
□维护社会稳定　□帮助劳动者维权　□获得争议双方的认可
□其他

2. 调解策略：请您回顾调解过程中您使用的策略，根据实际情况在相应的位置打"√"。1—5 代表从未使用、很少使用、偶尔使用、经常使用、最常使用。

策略	从未使用	很少使用	偶尔使用	经常使用	最常使用
强调维稳目标，界定调解的范围	1	2	3	4	5
调查争议的事实和原因	1	2	3	4	5
确定争议的焦点及问题的优先顺序	1	2	3	4	5
背靠背调解，分别与双方沟通，了解双方的底线	1	2	3	4	5
控制调解时间，快速解决或拖延解决	1	2	3	4	5
提供情绪宣泄渠道，安抚当事人的情绪	1	2	3	4	5
使用具有亲和力的语言，取得争议双方的信任	1	2	3	4	5
强调换位思考，劝说一方理解另一方的难处	1	2	3	4	5
表达对当事人一方或双方的同情理解	1	2	3	4	5
外部支持（再就业机会支持、资金支持、法律支持）	1	2	3	4	5
外部协调（当地政府介入协调、公安部维持秩序、监察执法、仲裁部门解释政策、工会介入调解等）	1	2	3	4	5
借助企业主管部门的权威，向企业施压，促使企业让步	1	2	3	4	5
借助政府多个部门的权威，向劳动者施压，促使劳动者让步	1	2	3	4	5
帮助劳动者选取谈判代表，确定有代表性的诉求	1	2	3	4	5
与劳动者集体中的关键人物沟通，产生示范效应	1	2	3	4	5
根据劳动者的特点分组调解，化整为零	1	2	3	4	5
分批签订调解协议，带动其他劳动者签订协议	1	2	3	4	5
解释法律规定和调解依据	1	2	3	4	5
根据经验预测案件可能的仲裁、诉讼结果	1	2	3	4	5
劝说一方或双方改变不合理的期望，做出让步	1	2	3	4	5
建议双方权衡利弊，分析成本收益	1	2	3	4	5
比较调解与仲裁、诉讼，说明调解的优势	1	2	3	4	5

3. 调解效果评估

（1）调解的时间周期：□3 天以内　□4—5 天　□6—7 天　□8—15 天　□15 天以上

（2）双方的和解情况：□全部和解　□部分和解　□没有和解（跳答至第（6）题）

（3）如果双方达成和解，最终的和解方案是　□劳动者的让步程度大于企业　□企业的让步程度大于劳动者　□双方让步程度相当

（4）结案方式：□撤诉　□制作调解协议书　□置换仲裁调解书□其他

（5）履行方式：□一次性立即履行　□分批分次履行

（6）请评价该案件的调解效果，1—5 代表非常不同意、比较不同意、一般、比较同意、非常同意，请根据案件的实际情况打"√"。

项目	非常不同意	比较不同意	一般	比较同意	非常同意
争议已经解决	1	2	3	4	5
协议中没有模糊的描述	1	2	3	4	5
达成了互利互惠的协议	1	2	3	4	5
总体是成功的	1	2	3	4	5
没有解决核心矛盾	1	2	3	4	5
争议问题的数量减少	1	2	3	4	5
在合理的时间内解决了争议	1	2	3	4	5
不会再有后续问题出现	1	2	3	4	5
双方的关系没有得到改善	1	2	3	4	5
双方学会了沟通	1	2	3	4	5
对企业规范管理行为产生积极作用	1	2	3	4	5
对劳动者进行了良好的普法教育	1	2	3	4	5
维护当地劳动关系的和谐稳定	1	2	3	4	5
感受到了双方对调解员的信任	1	2	3	4	5
双方对调解结果满意	1	2	3	4	5
调解员的需求和目标得到了满足	1	2	3	4	5

参考文献

常凯：《劳动关系学》，中国劳动社会保障出版社 2005 年版。

常凯：《劳动关系的集体化转型与政府劳工政策的完善》，《中国社会科学》2013 年第 3 期。

常凯：《我国劳资集体争议的法律规制体系建构研究》，《南京大学学报》（哲学·人文科学·社会科学）2017 年第 5 期。

陈玉萍：《对完善我国劳动处理制度的思考》，《中国劳动保障》2009 年第 8 期。

陈步雷：《以劳权看待发展——劳权的权利论与功能论的多维度解释框架》，《中国劳动关系学院学报》2009 年第 4 期。

程延园：《劳动关系》，中国人民大学出版社 2007 年版。

程延园、谢鹏鑫、王甫希：《我国集体争议处理制度：特点、问题与机制创新》，《中国人民大学学报》2015 年第 4 期。

程延园、谢鹏鑫、冯娇娇、王甫希、徐晓世：《劳动争议调解会损害劳动者权益吗？——劳动者的让步程度及其影响因素研究》，《中国人力资源开发》2016 年第 9 期。

程延园、谢鹏鑫、周静、冯娇娇、王甫希、王媛媛：《地方政府介入集体劳动争议的策略及其影响因素——基于北京市的典型案例》，《中国劳动关系学院学报》2016 年第 3 期。

崔玉隆：《劳动争议调解组织改进的探索》，《法制与社会》2010 年第 10 期。

戴春、李琪：《行动型集体劳动争议的影响及对应》，《中国工人》2014 年第 12 期。

范愉：《多元化纠纷解决机制与和谐社会构建》，经济社会出版社

2011 年版。

范跃如:《劳动争议诉讼调解程序研究》,《法律适用》2009 年第 6 期。

郭隆:《六方联动把劳动争议化解在基层》,《北京观察》2011 年第 8 期。

侯玲玲:《中国和瑞典劳动争议处理体制的比较研究》,《西南民族大学学报》(人文社科版)2006 年第 3 期。

何伦坤:《劳动争议调解实效的软法求解》,《理论探索》2013 年第 3 期。

黄成:《行为决策理论及决策行为实证研究方法探讨》,《经济经纬》2006 年第 5 期。

蒋月:《我国人民法院应当设立劳动法庭》,《河北法学》2007 年第 11 期。

柯贤兵:《程序性调解话语中调解人的身份认同建构研究》,《广西社会科学》2011 年第 5 期。

柯贤兵、李正林:《法庭调解法官话语角色转换研究》,《湖北社会科学》2014 年第 5 期。

劳动人事争议处理专业委员会课题组、郑东亮、曹可安、孙瑜香、周国良:《〈劳动争议调解仲裁法〉实施跟踪研究》,《中国劳动》2011 年第 6 期。

刘诚:《劳动争议处理法核心问题研究》,《甘肃政法学院学报》2008 年第 9 期。

刘伯伟、杨海峰:《劳动争议调解中个别谈话应注意的问题和方法》,《工会论坛》2011 年第 5 期。

李洪娟、尹玉梅:《劳动争议调解技术步骤和工作技巧》,《中国劳动》2007 年第 3 期。

李小鲁:《论劳动争议调解制度的创新与完善》,《中国劳动关系学院学报》2010 年第 10 期。

李维阳、孟泉:《政府治理集体性劳资纠纷的策略选择及其影响因素研究》,《中国人力资源开发》2018 年第 9 期。

栾爽：《论构建和谐劳动关系中的政府责任》，《中国行政管理》2008
    年第 6 期。

孟泉：《塑造基于"平衡逻辑"的"缓冲地带"——沿海地区地方政
    府治理劳资冲突模式分析》，《东岳论丛》2014 年第 5 期。

潘泰萍：《集体劳动争议调解制度构建中存在的问题及对策建议》，
    《科技情报开发与经济》2011 年第 2 期。

彭昌礼：《浅议劳动争议案件调解过程中谈话的技巧》，《工会论坛》
    2003 年第 5 期。

乔健：《劳动者群体性事件与危机管理创新——从近期出租车司机罢
    工潮说起》，《中国人力资源开发》2009 年第 1 期。

史探径：《社会法学》，中国劳动社会保障出版社 2007 年版。

苏力：《关于能动司法与大调解》，《中国法学》2010 年第 1 期。

沈建峰：《德国集体性劳动争议处理的框架及其启示》，《中国劳动关
    系学院学报》2013 年第 6 期。

孙德强：《劳动争议调解制度的进步、缺陷及其完善》，《中国劳动关
    系学院学报》2008 年第 8 期。

孙晓萍、吴式兵：《劳动争议联动联调机制探微》，《广东外语外贸大
    学学报》2010 年第 7 期。

邵希娟、杨建梅：《行为决策及其理论研究的发展过程》，《科技管理
    研究》2006 年第 5 期。

唐镶：《人力资源与劳动关系管理》，东北财经大学出版社 2014 年版。

王蓓：《劳动争议调解：实证分析与改革建言》，《社会科学研究》，
    2012 年第 6 期。

王全兴：《劳动法》，法律出版社 2004 年版。

王全兴、林欧：《劳动争议民间调解协议的效力及其加固》，《上海师
    范大学学报》（哲学社会科学版）2012 年第 9 期。

王文珍、张世诚：《〈劳动争议调解仲裁法〉起草者的解读》，《中国
    劳动》2008 年第 2 期。

王天玉：《借鉴与整合：从英国 ACAS 看我国劳动争议调解制度改
    革》，《中国劳动关系学院学报》2008 年第 2 期。

王天玉：《劳动者集体行动治理的司法逻辑——基于 2008—2014 年已公开的 308 件罢工案件判决》，《法制与社会发展》2015 年第 2 期。

王振麒：《对劳动人事争议调解仲裁制度改革创新的初步建议》，《中国劳动》2014 年第 5 期。

吴清军：《集体协商与"国家主导"下的劳动关系治理——指标管理的策略与实践》，《社会学研究》2012 年第 3 期。

吴清军、许晓军：《中国劳资群体性事件的性质与特征研究》，《学术研究》2010 年第 8 期。

肖竹：《〈劳动争议调解仲裁法〉中劳动争议处理体制的适用问题研究》，《政法论丛》2009 年第 2 期。

熊新发：《比较视野下中国罢工治理的反思与展望——常态与非常态：积极解决与消极应对》，《云南社会科学》2010 年第 5 期。

谢鹏鑫：《近年来国内劳动争议调解的研究综述与展望》，《中国人力资源开发》2015 年第 1 期。

徐世勇、Xiaoyu Huang、张丽华、许春燕、Anil Verma：《中国工人罢工的四方层级解决机制：基于案例研究的一种新诠释》，《管理世界》2014 年第 4 期。

颜辉、王英：《日本的劳资关系》，《中国职工教育》1997 年第 7 期。

杨岚：《试析我国〈劳动争议调解仲裁法〉的进步与不足》，《湖北社会科学》2009 年第 10 期。

杨欣：《我国集体劳动争议处理法治模式及其选择——以利益性争议为关注》，《广东行政学院学报》2012 年第 12 期。

岳经纶、庄文嘉：《国家调解能力建设：中国劳动争议"大调解"体系的有效性与创新性》，《管理世界》2014 年第 8 期。

张冬梅：《劳动争议处理体制的比较研究——兼谈〈劳动争议调解仲裁法〉的不足和完善》，《中国劳动关系学院学报》2008 年第 6 期。

张乐：《论我国劳动争议调解制度的完善》，《海南大学学报》（人文社会科学版）2011 年第 4 期。

张泽梅、陈维政:《权变冲突管理策略分析》,《领导科学》2011 年第
  23 期。

赵忠伟:《区域性劳动争议调解初探》,《劳动保障世界》（理论版）
  2010 年第 3 期。

庄文嘉:《"调解优先"能缓解集体性劳动争议吗?——基于1999—
  2011 年省际面板数据的实证检验》,《社会学研究》2013 年第
  5 期。

Abramson H I, "Problem – Solving Advocacy in Mediations", *Dispute Resolution Journal*, Vol. 59, 2004.

Alberstein M, "Forms of Mediation and Law: Cultures of Dispute Resolution", *Ohio State Journal on Dispute Resolution*, Vol. 22, 2007.

Amason A C, "Distinguishing the effect of functional and dysfunctional conflict on strategic decision making: resolving a paradox for top management teams", *Academy of Management Journal*, Vol. 39, No. 1, 1996.

Anderson J F and Bingham L B, "Upstream effects from mediation of workplace disputes: Some preliminary evidence from the USPS", *Labor Law Journal*, Vol. 48, 1997.

Anedo O, "Cultural Analysis of Harmony and Conflict: Towards an Integrated Model of Conflict Styles", *Unizik Journal of Arts and Humanities*, Vol. 13, No. 2, 2012.

Bailey J D and Robbins S, "Couple empowerment in divorce. A comparison of mediated and nonmediated outcomes", *Conflict Resolution Quarterly*, Vol. 22, No. 4, 2005.

Bartunek J M, Benton A A and Keys C B, "Third party intervention and the bargaining behavior of group representatives", *Journal of Conflict Resolution*, Vol. 19, 1975.

Beardsley K, "Agreement without peace? International mediation and time inconsistency problems", *American Journal of Political Science*, Vol. 52, No. 4, 2008.

Beardsley K, Quinn D M, Biswas B, et al. , "Mediation style and crisis outcomes", *Journal of Conflict Resolution*, Vol. 50, No. 1, 2006.

Bercovitch J and Langley J, "The nature of the dispute and the effectiveness of international mediation", *Journal of Conflict Resolution*, Vol. 37, No. 4, 1993.

Bercovitch J and Wells R, "Evaluating mediation strategies: a theoretical and empirical analysis", *Peace and Change*, Vol. 18, No. 1, 1993.

Bercovitch J, Anagnoson J T and Wille D L, "Some conceptual issues and empirical trends in the study of successful mediation in international relations", *Journal of Peace Research*, Vol. 28, No. 1, 1991.

Bendersky C, "Organizational dispute resolution systems: A complementarities model", *Academy of Management Review*, Vol. 28, No. 4, 2003.

Birke R, "Evaluation and facilitation: moving past either/or", *Journal of Dispute Resolution*, 2000.

Billikopf - Encina and Gregorio, "Contributions of Caucusing and Pre - Caucusing to Mediation", *Group Facilitation: A Research and Applications Journal*, Vol. 4, 2002.

Blake R R and Mouton J S, *The managerial Grid*, Houston: Gulf Publishing Co, 1964.

Bleemer R, "The rest of the Sept. 11 cases — those that went to court — are settled via Mediation", *Alternatives to the High Cost of Litigation*, Vol. 27, No. 5, 2009.

Bollen K and Euwema M, "Workplace Mediation: An Underdeveloped Research Area", *Negotiation Journal*, Vol. 29, No. 3, 2013.

Bollen K, Euwema M C and Müller P, "Why are subordinates less satisfied with mediation? The role of uncertainty", *Negotiation Journal*, Vol. 26. No. 4, 2010.

Bollen K, Ittner H and Euwema M C, "Mediating hierarchical labor conflicts: Procedural justice makes a difference — for subordinates",

Group Decision and Negotiation, Vol. 21, No. 5, 2012.

Bond C, "Resolving sexual harassment disputes in the workplace: The central role of mediation in an employment contract", *Dispute Resolution Journal*, Vol. 52, 1997.

Brew F P, "Harmony and controversy: The Yin and Yang of conflict in East Asian and Western Ccultures", in Liu J H, Ward C, Bernardo A, Karasawa M and Fischer R, eds., *Casting the Individual in Societal and Cultural Contexts: Social and Societal Psychology for Asia and the Pacific*, Progress in Asian Social Psychology Series, Seoul: Kyoyook – Kwahak – Sa Publishing Co. 1997.

Budd J W and Colvin A J, "Improved metrics for workplace dispute resolution procedures: Efficiency, equity, and voice", *Industrial Relations: A Journal of Economy and Society*, Vol. 47, No. 3, 2008.

Burke R J, "Methods for resolving superior – super ordinate conflict: The constructive use of subordinate differences and disagreements", *Organizational Behavior and Human Performance*, Vol. 5, 1970.

Burton J W, "Resolution of conflict", *International Studies Quarterly*, Vol. 16, No. 1, 1972.

Cai Y S, "Local Governments and the Suppression of Popular Resistance in China", *The China Quarterly*, Vol. 193, No. 3, 2008.

Carnevale P J D, "Strategic choice in mediation", *Negotiation Journal*, Vol. 2, 1986.

Carnevale P J D and Conlon D E, "Time pressure and strategic choice in mediation", *Organizational Behavior and Human Decision Process*, Vol. 42, 1988.

Carnevale P J D and Henry R A, "Determinants of mediator behavior: A test of the strategic choice model", *Journal of Applied Social Psychology*, Vol. 19, No. 6, 1989.

Carnevale P J D and Pruitt D G, "Negotiation and mediation", *Annual Review of Psychology*, Vol. 43, 1992.

Carnevale P J D, Lim R G and Mclaughlin M E, "Contingent mediator behavior and its effectiveness", in Kressel K and Pruitt D G, eds., *Mediation research—the process and effectiveness of third – party intervention*, San Francisco, CA: Jossey – Bass Publication, 1989.

Canary D J and Spitzberg B H, "Appropriateness and effectiveness perceptions of conflict strategies", *Human communication research*, Vol. 14, No. 1, 1987.

Carpenter S L and Kennedy W J D, *Managing Public Disputes: A Practical Guide to Handling Conflict and Reaching Agreements*, San Francisco, CA: Jossey – Bass, 1988.

Chaudhry S S and Ross W R, "Relevance trees and mediation", *Negotiation Journal*, Vol. 5, 1989.

Charkoudian L, de Ritis C, Buck R, et al., "Mediation by any other name would smell as sweet—or would it? The struggle to define mediation and its various approaches", *Conflict Resolution Quarterly*, Vol. 26, No. 3, 2006.

Chayes A H, "Sleeves rolled up on peacemaking: Lessons from international mediators", *Negotiation Journal*, Vol. 23, No. 2, 2007.

Chan C K C and Nadvi K, "Changing labour regulations and labour standards in China: Retrospect and challenges", *International Labour Review*, Vol. 153, No. 4, 2014.

Chen H, "The mediation approach: Representing clients with mental illness in civil commitment proceedings", *Georgetown Journal of Legal Ethics*, Vol. 19, No. 3, 2006.

Chen G M, "The impact of harmony on Chinese conflict management", in Chen G M and Ma R, eds., *Chinese conflict management and resolution*, Westport, CT: Ablex, 2002.

Chen F, "Trade Unions and the Quadripartite Interactions in Strike Settlement in China", *The China Quarterly*, Vol. 201, No. 3, 2010.

Coleman P T, Kugler K G, Mazzaro K, et al., "Putting the peaces together: a situated model of mediation", *International Journal of Conflict Management*, Vol. 26, No. 2, 2015.

Conlon D E, "The Mediation – Intravention Discussion: Toward an Integrative Perspective", *Negotiation Journal*, Vol. 4, No. 2, 1988.

Corbin J M and Strauss A, "Grounded theory research: Procedures, canons, and evaluative criteria", *Qualitative sociology*, Vol. 13, No. 1, 1990.

Costantino C A and Merchant C S, "How to design conflict management systems", *Alternatives to the High Cost of Litigation*, Vol. 14, No. 4, 1996.

Crush L, "When mediation fails child protection: Lessons for the future", *Canadian Journal of Family Law*, Vol. 23, No. 1, 2007.

Currie C M, "Mediating Off the Grid", *Dispute Resolution Journal*, Vol. 59, 2004.

Deng Y, "Strategy to bring about a predetermined outcome in Chinese mediation: a study of contemporary Chinese mediation sessions in a southwestern province of China", *Intercultural Communication Studies*, Vol. 19, No. 3, 2010.

Deutsch M and Coleman P T, *The handbook of conflict resolution: Theory and practice*, San Francisco: Jossey – Bass, 2000.

Diamant N J, "Conflict and conflict resolution in China: beyond mediation centered approaches", *Journal of Conflict Resolution*, Vol. 44, No. 4, 2000.

Donohue W A, "Communicative competence in mediators", *Journal of Social Issues*, Vol. 41, 1989.

Eagly A H and Crowley M, "Gender and helping behavior: A meta – analytic review of the social psychological literature", *Psychological bulletin*, Vol. 100, No. 3, 1986.

Edwards P, *Industrial relations*, Blackwell Publishing, 2005.

Elfstrom M and Kuruvilla S, "The changing nature of labor unrest in China",

Industrial and Labour Relations Review, Vol. 67, No. 2, 2014.

Emerson R M, "Power – dependence relations", *American Sociological Review*, 1962.

Esser J K and Marriott R G, "A Comparison of the Effectiveness of Substantive and Contextual Mediation Tactics1", *Journal of Applied Social Psychology*, Vol. 25, No. 15, 1995.

Exon S N, "How Can a Mediator be Both Impartial and Fair: Why Ethical Standards of Conduct Create Chaos for Mediators", *Journal of Dispute Resolution*, 2006.

Fisher R J, *The social psychology of intergroup and international conflict resolution*, New York: Springer – Verlag, 1990.

Fisher R J, "Third party consultation as a method of intergroup conflict resolution: A review of studies", *Journal of Conflict Resolution*, Vol. 27, No. 2, 1983.

Friedman R, Chi S C and Liu L A, "An Expectancy Model of Chinese – American Differences in Conflict – Avoiding", *Journal of International Business Studies*, Vol. 37, 2006.

Gabel S, "Mediation and Psdychotherapy: Two Sides of the Same Coin?" *Negotiation Journal*, Vol. 19, No. 4, 2003.

Gabrenya W K and Hwang K K, "Chinese social interaction: Harmony and hierarchy on the Good Earth", in Bond M H, eds., *The handbook of Chinese Psychology*, Hong Kong: Oxford University Press, 1996.

Gazal – Ayal O and Perry R, "Imbalances of Power in ADR: The Impact of Representation and Dispute Resolution Method on Case Outcomes", *Law & Social Inquiry*, Vol. 39, No. 4, 2014.

Glaser B G, *Theoretical sensitivity*, San Francisco, CA: The Sociology Press, 1978.

Glaser B G and Strauss, A. L, *The discovery of grounded theory: Strategies for qualitative research*, Chicago: Aldine, 1967.

Goldberg S B and Shaw M L, "Further investigation into the secrets of successful and unsuccessful mediators", *Alternatives to the High Cost of Litigation*, *Vol. 26*, *No. 8*, *2008*.

Goldman A and Rojot R, *Negotiation Theory and Practice*, Hague: Kluwer Law International, 2003.

Grima F and Paillé P, "Mediation in professional relationships in France: tactics and outcomes", *Industrial Relations Journal*, Vol. 42, No. 5, 2011.

Hardy S, "Mediation and genre", *Negotiation Journal*, Vol. 24, No. 3, 2008.

Hall J, *Conflict Management Survey: A Survey of One's Characteristic Reaction To and Handling Of Conflicts between Himself and Others*, Teleometrics. Inc, Houston, 1969.

Harris K L and Carnevale P, "Chilling and hastening: The influence of third – party power and interests on negotiation", *Organizational Behavior and Human Decision Processes*, Vol. 47, No. 1, 1990.

Harper C, "Mediator as peacemaker: The case for activist transformative – narrative mediation", *Journal of Dispute Resolution*, Vol. 2, 2006.

Herrman M S, Hollett N, and Gale J, "Mediation from beginning to end: A testable model", *The Blackwell handbook of mediation: Bridging theory, research, and practice*, 2006.

Hedeen T, "The evolution and evaluation of community mediation: Limited research suggests unlimited progress", *Conflict Resolution Quarterly*, Vol. 22, No. 1, 2004.

Henderson D A, "Mediation success: An empirical analysis", *Ohio St. J. on Disp. Resol*, Vol. 11, 1996.

Hiltrop J M, "Mediator behavior and the settlement of collective bargaining disputes in Britain", *Journal of Social Issues*, Vol. 41, No. 2, 1985.

Hiltrop J M, "Factors associated with successful labor mediation", *Mediation research*, 1989.

Hodak K M, "Court sanctioned mediation in cases of acquaintance rape: A beneficial alternative to traditional prosecution", *Ohio State Journal on Dispute Resolution*, Vol. 19, No. 3, 2004.

Huang L L, *Interpersonal harmony and conflict: Indigenous theories and research*, Taipei, Taiwan: Gui Guan (in Chinese), 1999.

Hughes S H, "Elizabeth's Story: Exploring Power Imbalances in Divorce Mediation", *Geo. J. Legal Ethics*, Vol. 8, 1994.

Hwang K K, "Guanxi and mientze: Conflict resolution in Chinese society", *Intercultural Communication Studies*, Vol. 7, 1998.

Ippolito C A and Pruitt D G, "Power balancing in mediation: Outcomes and implications of mediator intervention", *The international Journal of Conflict Management*, Vol. 1, No. 4, 1990.

Jia W S, "Chinese mediation and its cultural foundation", *Chinese conflict management and resolution*, 2002.

Jones D L, "Mediation, conflict resolution and critical theory", *Review of International Studies*, Vol. 26, No. 4, 2000.

Kahneman D and Tversky A, "Prospect theory: An analysis of decision under risk", *Econometrica: Journal of the Econometric Society*, 1979.

Karim A and Pegnetter R, "Mediator strategies and qualities and mediation effectiveness", *Industrial Relations: A Journal of Economy and Society*, Vol. 22, No. 1, 1983.

Kaufman S and Duncan G T, "The role of mediators in third party interventions", *Negotiation Journal*, Vol. 4, 1988.

Kerr C, "Industrial conflict and its resolution", *American Journal of Sociology*, Vol. 60, 1954.

Kelly J B, "A decade of divorce mediation research", *Family Court Review*, Vol. 34, No. 3, 1996.

Kichaven J, "Evaluating the marketplace view on the need for mediator evaluation", *Alternatives to the High Cost of Litigation*, Vol. 26, No. 7, 2008.

Kim K D, "Confucianism and capitalist development in East Asia", *Capi-*

talism and Development, 1994.

Kim N H, Wall J A, Sohn D W, et al. , "Community and industrial mediation in South Korea", *Journal of Conflict Resolution*, Vol. 37, No. 2, 1993.

Kim M S and Leung T, "A multicultural view of conflict management styles: Review and critical synthesis", *Annals of the International Communication Association*, Vol. 23, No. 1, 2000.

Kirkbride P, Tang S, and Westwood R, "Chinese Conflict Preferences and Negotiating Behavior: Cultural and Psychological Influences", *Organization Studies*, Vol. 12, 1991.

Kirk J and Miller M L, *Reliability and validity in qualitative research*, Sage, 1986.

Kloppenberg L A, "Implementation of court – annexed environmental mediation: The District of Oregon pilot project", *Ohio St. J. Disp. Resol*, Vol. 17, 2001.

Kochan T A and Jick T, "The public sector mediation process: A theory and empirical examination", *Journal of Conflict Resolution*, Vol. 22, No. 2, 1978.

Kolb D M, "Roles mediators play: State and federal practice", *Industrial Relations*, Vol. 20, 1981.

Kolb D M, "Strategy and the Tactics of Mediation", *Human Relation*, Vol. 36, 1983.

Kramer R M, "Trust and Distrust in Organizations: Emerging Perspectives, Enduring Questions", *Annual Review of Psychology*, Vol. 50, 1999.

Kressel K, *Labor Mediation: An Exploratory Survey*, Alban. NY: Assoc. Labor Mediation Agencies, 1972.

Kressel K, "The strategic style in mediation", *Conflict Resolution Quarterly*, Vol. 24, No. 3, 2007.

Kressel K and Pruitt D G, "Themes in the mediation of social conflict",

Journal of Social Issues, Vol. 41, 1985.

Kressel K and Pruitt D G, *Mediation research*, San Francisco: Jossey – Bass, 1989.

Kressel K, Frontera E A, Forlenza S, et al. , "The Settlement – Orientation vs. the Problem – Solving Style in Custody Mediation", *Journal of Social Issues*, Vol. 50, No. 1, 1994.

Kydd A, "Which side are you on? Bias, credibility, and mediation", *American Journal of Political Science*, Vol. 47, No. 4, 2003.

Lande J, "Toward more sophisticated mediation theory", *Journal of Dispute Resolution*, Vol. 2, 2000.

Landsman M, Thompson K, and Barber G, "Using mediation to achieve permanency for children and families", *Families in Society: The Journal of Contemporary Social Services*, Vol. 84, No. 2, 2003.

Laskewitz P, Van de Vliert E, and De Dreu C K, "Organizational mediators siding with or against the powerful party?", *Journal of Applied Social Psychology*, Vol. 24, No. 2, 1994.

Leiserson W M, "The function of mediation in labor relations", in Tripp R, eds. , *Proceedings of the fourth animal meeting of the Industrial Relations Research Association*, Madison, WI: University of Wisconsin, 1951.

Leung K, Koch P T and Lu L, "A dualistic model of harmony and its implications for conflict management in Asia", *Asia Pacific Journal of Management*, Vol. 19, No. 2 – 3, 2002.

Lim R G and Carnevale P J, "Contingencies in the mediation of disputes", *Journal of Personality and Social Psychology*, Vol. 58, No. 2, 1990.

Lipsky D B, Seeber R L and Fincher R D, *Emerging systems for managing workplace conflict: Lessons from American corporations for managers and dispute resolution professionals*, San Francisco: Jossey – Bass, 2003.

Liu S and Chen G M, "Collaboration over avoidance: Conflict management strategies in state – owned enterprises in China" *Chinese conflict man-*

agement and resolution, 2002.

Luecke R, *Negotiation*, Boston: Harvard Business School Press, 2003.

Ma Z, "Chinese conflict – management styles and negotiation behaviors: an empirical test", *International Journal of Cross Cultural Management*, Vol. 7, No. 1, 2007.

Manz C C and Gioia D A, "The interrelationship of power and control", *Human Relations*, Vol. 36, No. 5, 1983.

Mars P, "Ethnic politics, mediation, and conflict resolution: The Guyana experience", *Journal of Peace Research*, Vol. 38, No. 3, 2001.

Markowitz J R and Engram P S, "Mediation in labor disputes and divorces: A comparative analysis", *Mediation Quarterly*, Vol. 2, 1983.

Mareschal P M, "Resolving conflict: tactics of federal mediators", *Advances in Industrial and Labor Relations*, Vol. 11, No. 2, 2002.

Mareschal P M, "What makes mediation work? Mediators' perspectives on resolving disputes", *Industrial Relations: A Journal of Economy and Society*, Vol. 44, No. 3, 2005.

Mathews G P, "Using negotiation, mediation, and arbitration to resolve IRS – taxpayer disputes", *Ohio St. J. on Disp. Resol*, Vol. 19, 2003.

Mayer B, "The dynamics of power in mediation and negotiation", *Mediation Quarterly*, Vol. 16, 1987.

Merry S E, "Defining 'success' in the neighborhood justice movement", in Tomasic R and Feeley M M, eds., *Neighborhood Justice: Assessment of an Emerging Idea*, New York: Longman Press, 1982.

Meyer A S, "Function of the mediator in collective bargaining" *ILR Review*, Vol. 13, No. 2, 1960.

McEwen C A and Wissler R L, "Finding out if it is true: comparing mediation and negotiation through research", *J. Disp. Resol.*, 2002.

McDermott E P, "Discovering the importance of mediator style—An interdisciplinary challenge", *Negotiation and Conflict Management Research*, Vol. 5, No. 4, 2012.

McDermott E P and Obar R, "What's going on in mediation: An empirical analysis of the influence of a mediator's style on party satisfaction and monetary benefit", *Harv. Negot. L. Rev.*, Vol. 9, 2004.

McLaughlin M E, Carnevale P and Lim R G, "Professional mediators' judgments of mediation tactics: Multidimensional scaling and cluster analyses", *Journal of Applied Psychology*, Vol. 76, No. 3, 1991.

Mitchell C R, *The structure of conflict*, New York: St. Martin's, 1981.

Moore C W, "Mediating neighborhood conflict: conceptual and strategic considerations", *Negotiation Journal*, Vol. 3, 1986.

Williams K Y, Morris M W, Leung K, et al., "Culture, conflict management style, and underlying values: Accounting for cross – national differences in styles of handling conflicts among US, Chinese, Indian, and Filipino managers", *Journal of international business studies*, Vol. 29, No. 4, 1998.

Olekalns M, "Conflict at work: Defining and resolving organizational conflicts", *Australian Psychologist*, Vol. 32, No. 1, 1997.

Patterson R W, "Resolving civilian – police complaints in New York City: Reflections on mediation in the real world", *Ohio St. J. on Disp. Resol*, Vol. 22, No. 1, 2006.

Peeples R, Harris C and Metzloff T, "Following the script: an empirical analysis of court – ordered mediation of medical malpractice cases", *J. Disp. Resol.*, 2007.

Picard C A and Melchin K R, "Insight mediation: A learning – centered mediation model", *Negotiation Journal*, Vol. 23, No. 1, 2007.

Pinkley R L, "Dimensions of conflict frame: Disputant interpretations of conflict", *Journal of Applied Psychology*, Vol. 75, 1990.

Pinto J, "Peacemaking as ceremony: The mediation model of the Navajo nation", *International Journal of Conflict Management*, Vol. 11, No. 3, 2000.

Poitras J and Le Tareau A, "Quantifying the quality of mediation agreements", *Negotiation and Conflict Management Research*, Vol. 2, No. 4, 2009.

Posthuma R A, "Mediator effectiveness: The negotiator's perspective", *Journal of Alternative Dispute Resolution in Employment*, Vol. 3, No. 1, 2000.

Pruitt D G, "Strategic choice in negotiation", *American Behavioral Scientist*, Vol. 27, No. 2, 1983.

Pruitt D G and Johnson D F, "Mediation as an aid to face saving in negotiation", *Journal of Personality and Social Psychology*, Vol. 14, No. 3, 1970.

Pruitt D G and Kressel K, "Introduction: An overview of mediation research", *Mediation research: The process and effectiveness of third – party intervention*, 1989.

Pruitt D G, Peirce R S, McGillicuddy N B, et al., "Long – term success in mediation", *Law and Human Behavior*, Vol. 17, No. 3, 1993.

Pruitt D G, Peirce R S, Zubek J M, et al., "Goal achievement, procedural justice and the success of mediation", *International Journal of Conflict Management*, Vol. 1, No. 1, 1990.

Prein H, "A contingency approach for conflict intervention", *Group and Organization Studies*, Vol. 9, No. 1, 1984.

Putnam L L and Wilson C E, "Communicative strategies in organizational conflicts: Reliability and validity of a measurement scale", *Annals of the International Communication Association*, Vol. 6, No. 1, 1982.

Raiffa H, *The art and science of negotiation*, Harvard University Press, 1982.

Rahim M A, "A measure of styles of handling interpersonal conflict", *Academy of Management journal*, Vol. 26, No. 2, 1983.

Rahim M A, "Empirical studies on managing conflict", *International Journal of Conflict Management*, Vol. 11, No. 1, 2000.

Raymond G A and Kegley Jr C W, "Third party mediation and international norms: A test of two models", *Conflict Management and Peace Science*, Vol. 9, No. 1, 1985.

Read B L and Michelson E, "Mediating the mediation debate conflict resolution and the local state in China", *Journal of Conflict Resolution*, Vol. 52, No. 5, 2008.

Regina W, "Bowen systems theory and mediation". *Conflict Resolution Quarterly*, Vol. 18, No. 2, 2000.

Rehmus C M, "The mediation of industrial conflict: a note on the literature", *Journal of Conflict Resolution*, Vol. 9, No. 1, 1965.

Robinson M and Parkinson L, "A family systems approach to conciliation in separation and divorce", *Journal of Family Therapy*, Vol. 7, 1985.

Ross W H and Conlon D E, "Hybrid forms of third – party dispute resolution: Theoretical implications of combining mediation and arbitration", *Academy of management Review*, Vol. 25, No. 2, 2000.

Rubin J Z, "Experimental research on third – party intervention in conflict: Toward some generalizations", *Psychological bulletin*, Vol. 87, No. 2, 1980.

Rubin J Z ed. , *Dynamics of third party intervention: Kissinger in the Middle East*, New York: Praeger, 1981.

Rubin J Z and Brown B R, *The Social Psychology of Bargaining and Negotiation*, Elsevier, 2013.

Rubin J Z, Pruitt D G and Kim S H, *Social conflict: Escalation, stalemate, and settlement*, Mcgraw – Hill Book Company, 1994.

Ruble T L and Thomas K W, "Support for a two – dimensional model of conflict behavior", *Organizational Behavior and Human Performance*, Vol. 16, No. 1, 1976.

Savage I R, "Contributions to the theory of rank order statistics – the two – sample case", *The Annals of Mathematical Statistics*, Vol. 27, No. 3, 1956.

Shapiro D, Drieghe R and Brett J, "Mediator behavior and the outcome of mediation", *Journal of Social Issues*, Vol. 41, No. 2, 1985.

Stevens C M, "Mediation and the role of the neutral", in Dunlop J T and Chamberlain N, eds. , *Frontiers of Collective Bargaining*, New York: Harper and Row, 1967.

Strauss A and Corbin J. *Basics of qualitative research: Grounded theory procedures and techniques*, Newbury Park, California: Sage Publications, 1990.

Swendiman M A, "The EEOC mediation program: Panacea or panicked reaction?", *Ohio State Journal on Dispute Resolution*, Vol. 16, No. 2, 2001.

Thomas K W and Schmidt W H, "A survey of managerial interests with respect to conflict", *Academy of Management journal*, Vol. 19, No. 2, 1976.

Tjosvold D and Sun H F, "Understanding conflict avoidance: Relationship, motivations, actions and consequences", *International Journal of Conflict Management*, Vol. 13, 2002.

Ting – Toomey S and Oetzel J G, "Cross – cultural face concerns and conflict styles", *Handbook of International and Intercultural Communication*, Vol. 2, 2002.

Ury W L, Brett J M and Goldberg S B, *Getting disputes resolved: Designing systems to cut the costs of conflict*, San Francisco, CA: Jossey – Bass, 1988.

Van Epps D A, "The impact of mediation on state courts", *Ohio State Journal on Dispute Resolution*, Vol. 17, No. 3, 2001.

Van Gramberg B, "The rhetoric and reality of workplace alternative dispute resolution", *Journal of Industrial Relations*, Vol. 48, No. 2, 2006.

Von Neumann J and Morgenstern O, *Theory of games and economic behavior*, New Jersey: Princeton University Press, 2007.

Volpe M R and Bahn C, "Resistance to mediation: Understanding and handling it", *Negotiation Journal*, Vol. 3, 1987.

Wall Jr J A, "Mediation: An analysis, review, and proposed research", *Journal of Conflict Resolution*, Vol. 25, No. 1, 1981.

Wall Jr J A and Blum M, "Community mediation in the People's Republic of China", *Journal of Conflict Resolution*, Vol. 35, No. 1, 1991.

Wall Jr J A and Lynn A, "Mediation: A current review", *Journal of conflict resolution*, Vol. 37, No. 1, 1993.

Wall Jr J A and Callister R R, "Conflict and its management", *Journal of management*, Vol. 21, No. 3, 1995.

Wall Jr J A and Kressel K, "Research on mediator style: A summary and some research suggestions", *Negotiation and Conflict Management Research*, Vol. 5, No. 4, 2012.

Wall Jr J A and Dunne T C, "Mediation research: A current review", *Negotiation Journal*, Vol. 28, No. 2, 2012.

Wall Jr J A, Dunne T C and Chan – Serafin S, "The effects of neutral, evaluative, and pressing mediator strategies", *Conflict Resolution Quarterly*, Vol. 29, No. 2, 2011.

Wall Jr J A, Stark J B and Standifer R L, "Mediation: A current review and theory development", *The Journal of Conflict Resolution*, Vol. 45, No. 3, 2001.

Weiss J N, "Trajectories toward peace: Mediator sequencing strategies in intractable communal conflicts", *Negotiation Journal*, Vol. 19, No. 2, 2003.

Welsh N A, "Remembering the role of justice in resolution: Insights from procedural and social justice theories", *Journal of Legal Education*, Vol. 54, No. 1, 2004.

Wood D H and Leon D M, "Measuring value in mediation: a case study of workplace mediation in city government", *Ohio St. J. on Disp. Resol*, Vol. 21, 2005.

Zimmerman P, "The Equal Employment Opportunity Commission's mediation program", *The CPA Journal*, Vol. 71, No. 3, 2001.

Zubek J M, Pruitt D G, Peirce R S, et al. , "Mediator and disputant characteristics and behavior as they affect the outcome of community mediation", paper delivered to 2nd Annual Meeting International Association Conflict Management, Athens, GA, 1989.

后　记

　　从 2013 年在中国人民大学劳动人事学院开始攻读博士学位以来，我一直深耕于劳动关系研究领域。恩师程延园教授是我国著名的劳动关系研究学者，受导师学术兴趣的影响，我在博士阶段聚焦于劳动合同、劳动争议的处理等研究问题。在读博初期，由于参与导师的北京市社会科学基金项目"北京市重大集体劳动争议处理机制研究"，我开始关注调解在劳动争议处理中发挥的重要作用。然而，由于缺乏劳动争议调解方面的知识储备，一时间很难找到合适的切入点。幸运的是，在一次清华大学举办的劳动关系研讨会上，我认识了麻省理工学院劳动关系专家 Thomas Kochan 教授，并向他请教如何在中国开展劳动争议调解的研究。Thomas Kochan 教授非常热情地与我交流，并给我发送了一些劳动争议调解的经典英文文献，这些文献打开了我的思路，奠定了后续研究的基础。

　　2014 年暑假，为了进一步加强对劳动争议调解工作的认识，通过导师的介绍，我前往北京市朝阳区劳动争议调解中心进行了为期两个月的实习。在此期间，我真正了解了劳动争议调解的实务工作，并积极参与其中，比如电话询问劳动争议双方是否接受调解，旁听劳动争议调解的过程，整理劳动争议的数据和案卷，并撰写了劳动争议调解的研究报告。通过与调解员的朝夕相处，既了解了他们的真实工作状态，也认识到了调解工作的不易。更重要的是，我发现了既具有理论意义，也能指导实务工作的研究问题。

　　2015 年，我决定申请国家留学生基金委员会"国家建设高水平大学公派研究生"项目。由于确定了研究劳动争议调解问题，我阅读了大量的国内外文献。在文献阅读过程中，特意将该领域的国外学者记录下来，发送邮件询问是否能接收联合培养学生。最终，美国南加州大学马歇尔商学院著名的劳动争议调解研究专家 Peter Carnevale 教授对我的研究问题非常感兴趣，接受了我的申请，帮助我顺利前往该校学习。在一年的留学生涯中，Peter Carnevale 教授每周与我探讨研究进展，提出了很多宝贵的建议，并与我合作撰写了劳动争议调解相关的学术论文。这段宝贵的经历对我了解国外劳动争议调解的实务和研究进展，学习劳动争议调解的研究设计，完善博士论文等产生了非常积极的影响。

本书系我的博士论文核心成果，在此特别感谢中国人民大学劳动人事学院程延园教授和美国南加州大学马歇尔商学院 Peter Carnevale 教授的指导，没有两位教授的指导和帮助，本研究难以完成。从论文开题到正式答辩，本研究还得到了很多老师的热心帮助和指导。感谢中国人民大学劳动人事学院徐世勇教授、苏中兴教授、林新奇教授、常凯教授、唐鑛教授、吴清军教授、骆南峰副教授等对论文选题、文献综述、研究设计等提出的许多建设性意见和建议。感谢美国麻省理工学院 Thomas Kochan 教授、明尼苏达大学 James Wall 教授、印第安纳大学 Lisa Bingham 教授对论文的研究选题、研究方法和论文写作提供的反馈建议，这些建议不断促使我改进和反思论文的内容，完善后续研究。感谢北京交通大学石美遐教授、中央财经大学朱飞教授、中国人民大学周文霞教授和林新奇教授、首都经济贸易大学苗仁涛副教授在博士论文正式答辩时提出的进一步完善和拓展之处。感谢中国人民大学博士冯娇娇、刘兰和宋皓杰、硕士徐晓世、王畅、樊婧、孙菲、张辰等在数据收集、编码和写作过程中提供的帮助。感谢西南财经大学杨付教授、首都经济贸易大学孟泉老师在书稿修改过程中提出的宝贵建议。感谢西南财经大学硕士研究生岑炫霏、余乐、曾馨逸、彭俊巧、王淼、陈虹雨在书稿校对过程中提供的帮助。

本书能够顺利完成，离不开在实地调查过程中提供支持的诸多朋友们，特别是时任北京市总工会法律部部长莫剑彬，法律服务中心法规科科长杨雪峰，北京市兰台律师事务所律师程阳、谢丽娜、王伟娜、王家田，北京市安理律师事务所赵紫安律师，北京市东元律师事务所刘扬律师，北京市东城区劳动争议调解中心律师李堃、李璐，北京市经济技术开发区劳动争议调解中心白勇律师，北京市通州区劳动争议调解中心律师周立军、仲裁员代菡和尉迟炎楠，北京市海淀区劳动人事争议仲裁院副院长毛磊、劳动争议调解中心李希律师，北京市大兴区劳动争议调解中心段慧励律师等。他们不仅在调解观察、访谈、问卷调查等资料收集过程中为我提供了支持和便利，还针对调解实际工作中存在的问题与我进行探讨，对我的研究结果提供了积极的反馈，让我受益匪浅。

本书能够顺利出版，得益于西南财经大学"中央高校基本科研业务费专项资金"专著出版项目和西南财经大学公共管理学院的资助。感谢西南财经大学公共管理学院院长廖宏斌教授对本书出版提供的莫大帮助。感谢学院同事陈朝兵副教授、何欢副教授等的支持和鼓励。感谢中国社会科学出版社专业的编辑团队，尤其是李庆红老师，他们对于图书品质精益求精的追求令我感动。最后，感谢父母和爱人对我工作的理解和支持，感谢他们对我的包容和无私付出。

尽管我尽了最大的努力把研究做好，但由于水平有限，尚有许多不足之处，希望广大读者和同行提出宝贵意见。

谢鹏鑫

2020 年 4 月 30 日

于西南财经大学